FÜHREN NACH GOTTES VORBILD

KARL HERNDL

FÜHREN NACH GOTTES VORBILD

Ratgeber für Führungsaufgaben im Berufs- und Privatleben

Bibliografische Information der Deutschen Nationalbibliothek
Die Deutsche Nationalbibliothek verzeichnet diese Publikation in der
Deutschen Nationalbibliografie; detaillierte bibliografische Daten sind im
Internet über http://dnb.dnb.de abrufbar.

© 2016 Karl Herndl
Satz, Herstellung und Verlag: BoD – Books on Demand
Coverdesign:
Agentur Best Performance, Klagenfurt, Österreich
www.best-performance.at

ISBN 978-3-7412-3100-1

Inhalt

1. Kapitel: Auf dem Weg zu mir — 11
2. Kapitel: Mensch, werde wesentlich — 27
3. Kapitel: Führen als Sinn des Lebens — 43
   Gott wird Führungskraft — 43
   Der Mensch wird Führungskraft — 50
   Führen, wie geht das? — 54
   Führen als Sinn des Lebens — 59
4. Kapitel:
   Bausteine göttlicher Führungsarbeit — 66
   Die Liebe — 66
   Die Ordnung — 69
   Die Schriften — 73
   Die Regeln — 77
   Die Direktansprache — 81
   Die persönliche Beziehung — 84
   Der freie Wille — 88
   Das Gewissen — 91
   Die Gerechtigkeit — 95
   Die Barmherzigkeit — 99
   Die Zeichensprache — 103
   Die Menschen — 107
   Die Lernsituationen — 110
   Der Sohn — 115
   Der Heilige Geist — 121
   Die Kirche — 125

	Das Vorbild	128
5.	Kapitel: Praktische Hilfen für gelingende Führungsprozesse	132
	Die Zehn Gebote	132
	Die Benediktsregel	152
	Die Fragetechnik	166
6.	Kapitel: Auf dem Weg zu Gott	177
	Ist es an der Zeit, wieder einmal an Gott zu denken?	177
	Die Entscheidung	181
	Die Berufung	184
	Der Auftrag	189
	Der Pilgerweg	194
	Führen nach Gottes Vorbild	198

Quellenverzeichnis verwendeter Bibelstellen	203
Literaturverzeichnis	204
Danksagung	206
Der Autor	208

Liebe Leserinnen und Leser!

Die bewusste und effektive Wahrnehmung von Führungsverantwortung ist heutzutage für alle Führungskräfte eine große Herausforderung. Es scheint so, als hätten wir verlernt, wie Führen geht, und stellen uns deshalb dieser Herausforderung nur noch halbherzig. Wir wissen nicht mehr, wohin wir führen sollen, weil es kaum noch Ziele, Werte und Regeln gibt, die unantastbar und erstrebenswert sind. Wo aber traditionelle Werte über Bord geworfen werden, da bleibt auch das Führen auf der Strecke. Führungskräfte sind dann selbst orientierungslos und ziehen sich aus dem Führungsprozess zurück, dessen Gelingen die Basis genommen ist. Auch kostet Führen Kraft und Energie, die viele von uns aufgrund der Überforderung im Alltag nicht mehr aufbringen können. Deshalb werden echte Führungsprozesse mit den anvertrauten Menschen oft vermieden, und es wird gar nicht mehr geführt. Wo aber nicht geführt wird, da kann auch nichts werden.

Als Managementtrainer habe ich mich in den letzten Jahren intensiv mit Führungsprozessen auseinandergesetzt und festgestellt, dass die Krise unserer Gesellschaft, in der wir uns zur Zeit befinden, vor allem eine Führungskrise ist. Sie begegnet uns in allen Bereichen der Gesellschaft. Die klassischen Führungssituationen zwischen Eltern und Kindern, Vorgesetzten und Mitarbeitern, Lehrern und Schülern sind davon in erster Linie betroffen. Aber auch in allen anderen Bereichen des Zusammenlebens müssen wir nach Wegen suchen, Führungsprozesse so zu gestalten, dass echte Entwicklungsschritte ermöglicht werden und Menschen auf einen gelingenden Lebensweg geführt werden.

Der Mensch kommt nicht »fertig« auf die Welt. Er ist darauf angewiesen, von Anbeginn seines Lebens auf andere Menschen zu treffen, die ihm einen Weg zeigen. Menschen, die sich ernsthaft mit ihm auseinandersetzen, ihn fördern und fordern und entwickeln. Das Wahrnehmen von bewussten Führungsprozessen ist daher eine der wesentlichsten Aufgaben der Gesellschaft wie des einzelnen Menschen. Ohne gelingende Führungsprozesse kommt eine Gesellschaft in ihrer Entwicklung nicht weiter. Viele Menschen leiden unter dieser Führungskrise, und niemand scheint so recht zu wissen, was wir dagegen tun sollen.

Mit dem vorliegenden Buch möchte ich Ihnen, liebe Leserinnen und Leser, eine Antwort auf die Frage anbieten, wie wir Führungsprozesse heutzutage gestalten können. Eine Antwort, die äußerst naheliegend ist und doch in der heutigen Zeit auf den ersten Blick befremden mag: »Führen nach Gottes Vorbild«. Es geht darum, eine Anleitung beim Schöpfer zu holen, wie Führungsprozesse gelingen können. Schließlich hat Gott eine sehr lange Erfahrung in der Führung von Menschen. Was liegt also näher, als dass wir als Führungskräfte darangehen, von dieser Erfahrung zu profitieren?

Wenn wir in der Bibel lesen, dann finden wir praktische Anleitungen zum Führen. Es gibt Regeln und Normen wie die Zehn Gebote, aber es werden auch zahlreiche Situationen beschrieben, in denen sich Gott selbst als Führungskraft zeigt. Er gibt ein Beispiel, wie Führungsprozesse gelingen können auf der gesamten Palette dessen, was Führung ausmacht. Wir finden eine bedingungslose Liebe, wir finden eine Grundordnung als Basis, wir erkennen das Prinzip des Förderns und Forderns, wir sehen einen Gott, der die Menschen immer wieder für sich gewinnen will. Wir finden aber auch einen Gott, der zornig ist, wenn die Menschen nicht auf sein Wort hören wollen. Schließlich treffen wir in der Bibel auch auf einen selbstkritischen Gott, der sein Führungsverhalten immer wieder reflektiert und anpasst.

Dieses Buch will also als praktische und bewährte Anleitung

verstanden werden, wie Führungsaufgaben nach göttlichem Vorbild gelingen können. Es will ein Führungsprinzip vorstellen, das überall helfen kann, wo geführt wird, im privaten Umfeld genauso wie im beruflichen. Denn jeder von uns ist als Führungskraft gefordert, als Begleiter von Entwicklungsprozessen von Menschen, wo immer sie auch stattfinden. Wer sich Gott öffnet, der erkennt, dass der Sinn des Lebens im Führen und Entwickeln von Menschen liegt. Gott braucht uns Menschen als Führungskräfte, die diese Aufgabe annehmen und sich mit den anvertrauten Menschen auf einen Entwicklungsprozess einlassen, in allen Phasen ihres privaten und beruflichen Lebens.

Ich lade Sie, liebe Leserinnen und Leser, ein, sich für diesen Ansatz in der Führung von Menschen zu öffnen. Wenn Führungsprozesse wieder auf die Basis der göttlichen Ordnung und der überlieferten Werte gestellt werden, wird unsere Gesellschaft aus der Krise herausfinden. Der Beitrag des Einzelnen ist hierfür gefordert, in allen Führungssituationen, die Gott uns anvertraut hat.

Ihr Karl Herndl
Klagenfurt, im August 2016

1. Kapitel: Auf dem Weg zu mir

Der 10. Dezember 2015 ist ein ganz besonderer Tag. Ich bin unterwegs in das Benediktinerkloster St. Lambrecht in der Steiermark. Heute sind es sieben Jahre, auf den Tag genau, seit ich mich zum ersten Mal auf den Weg in ein Kloster begeben habe. Damals war ich auf der Suche nach der Ordnung. Für mein eigenes Leben, für meine Familie, aber auch für die Führungsprozesse in der Wirtschaft, die ich als Coach seit vielen Jahren begleitete.

In den kommenden Tagen werde ich das Seminar »Mensch, werde wesentlich« besuchen und bin schon sehr gespannt, was mich erwartet.

»Wir haben hier folgende Ordnung«: Mit diesen Worten eröffnete Abt Otto damals vor sieben Jahren das Seminar. Dann ging er zum Flipchart und schrieb Zeiten auf, und schon war der ganze Tagesablauf geregelt, von 6:00 Uhr bis 21:00 Uhr. Alle Teilnehmer waren froh, eine so deutliche Struktur vorzufinden. Der Tagesablauf war ausgewogen zwischen Gebet und Meditation, Input und Reflexion, Essenszeiten und Freizeit. Niemand dachte damals daran, diese Ordnung infrage zu stellen. Sie war für uns alle eine Hilfe, uns zurechtzufinden, und eine Garantie, dass wir finden konnten, was wir suchten, ohne uns zu überanstrengen.

Für mich als Trainer hat sich in diesen sieben Jahren die Welt komplett verändert. Ich entdeckte damals die Benediktsregel, jenes kleine schwarze Buch mit goldener Aufschrift, das seit über 1500 Jahren die Abläufe in den Klöstern regelt – und das Benedikt von Nursia um circa 500 nach Christus natürlich in erster Linie zu genau diesem Zweck geschrieben hat. Als ich das Werk zum ersten Mal studierte, erkannte ich aber schnell, dass sich darin eine tiefe Weisheit zeigt und ein praktischer

Nutzen offenbart, der überall dort hilfreich ist, wo Menschen gemeinsam an der Erreichung eines Zieles arbeiten.

Ich übertrug die Aussagen auf Führungs- und auf Verkaufsprozesse und machte von da an die Benediktsregel zur Grundlage meiner Arbeit als Trainer und Coach. Am Anfang ließ ich sie behutsam und leise in die Coaching-Prozesse einfließen. Die gute Rückmeldung der Teilnehmer und der Auftraggeber ermutigte mich dann, einen klaren Schritt nach vorne zu gehen. Ich formulierte das Coaching nach Benedikt im Detail, schuf für vertriebsorientierte Unternehmen eine »Sales-Ordnung«, ließ das Vorgehen als Marke »Sales Coaching by Benedict« international registrieren und publizierte das gleichnamige Buch.

In den letzten beiden Jahren bin ich dann noch einen Schritt weiter gegangen. Gott persönlich ist nun immer öfter ein Thema in den Coaching-Gesprächen. Wenn ich mir von Führungskräften Situationen schildern lasse, die sie im Coaching analysieren wollen, dann stelle ich manchmal die Frage: »Was sagt Gott dazu?« Ja, diese Frage löst mitunter schon Verwunderung aus, aber sie ist fast immer ein Türöffner, um eine Person nicht nur als Führungskraft zu sehen, sondern als ganzen Menschen. Der Mensch ist ja nicht teilbar, alles, was ihn ausmacht, wird in sämtlichen Rollen spürbar, die er erfüllt. Wer eine Führungskraft wirkungsvoll coachen will, der muss an ihr Inneres heran. Die Frage nach Gott ist deswegen so wichtig, weil die Person damit nicht nur im eingeschränkten Fokus einer augenblicklichen Aufgabe gesehen wird, sondern als Ganzes. Wer sich als Führungskraft für einen solchen Prozess öffnet, wird die übertragene Aufgabe nicht nur als Job verstehen, sondern als Teil eines großen Plans, als konkreten Auftrag, sich anvertrauten Menschen anzunehmen, sie zu lieben und sie zu entwickeln. Ein Auftrag, der von ganz oben kommt, eine Aufgabe, für die wir uns einmal rechtfertigen werden müssen. Ich bin immer wieder ganz erstaunt, wie viele Menschen in meinen

Coachings sich für diese Gedanken öffnen. Die Anerkennung, dass da noch etwas Größeres ist als der Mensch, ist offensichtlich doch weiter verbreitet, als man glauben möchte. Und interessanterweise sind die Menschen auch bereit, darüber zu reden, wenn man ihnen eine entsprechende Frage stellt.

Das Thermometer zeigt ein paar Plusgrade an. Es ist zu warm für diese Jahreszeit. Ich fahre gemächlich an grünen Wiesen vorbei. Eine gute Stunde wird die Fahrt noch dauern.

Ich erinnere mich noch genau. Als ich vor sieben Jahren auf meiner ersten Fahrt ins Kloster war, habe ich über die Krise der Gesellschaft nachgedacht. Daran hat sich nichts verändert, im Gegenteil, da und dort ist es schlimmer geworden, die Krise hat uns immer noch fest im Griff.

Eigentlich sind es ja viele Krisen, die aber in irgendeiner Form auch wieder zusammengehören. Wirtschaft, Familie, Schule, Politik, Medien, Kirche – Krisengebiete, die uns in unserer Gesellschaft jeden Tag begegnen. Die eine Krise bedingt die andere. Alle zusammen belasten sie uns und scheinen uns keinen Ausweg finden zu lassen. Das Schlimme daran ist, dass wir das alles selbst angerichtet haben, weil wir traditionelle und bewährte Werte missachtet haben.

Der Mensch hat im Alltag viele Rollen zu erfüllen. Nehmen wir zum Beispiel eine Führungskraft in einem Unternehmen. Die meiste Zeit seines Lebens verbringt dieser Mensch wohl im beruflichen Kontext. Aus dieser Tätigkeit verdient er das Einkommen, von dem in vielen Fällen eine Familie finanziert wird. Menschen, die voll im Berufsleben stehen, definieren sich selbst auch vor allem aus dieser Rolle. Man verlangt von ihnen, dass sie einen großen Teil ihrer Lebensenergie in den Job einbringen, und sie tun das auch, mit der Aussicht, auf der Karriereleiter höher zu kommen. Die Anforderungen an die

Führungskräfte der heutigen Zeit werden aber immer größer. In der Wirtschaftskrise ist ständig von Umsatzsteigerung, Kostendruck, Effizienzsteigerung, Personalabbau und Ähnlichem die Rede. Die Unternehmen haben bisher keine Lösung gefunden, diese Entwicklung in den betriebseigenen Strukturen und Abläufen in den Griff zu bekommen. Die Krise ist einfach da und belastet die Menschen, die davon betroffen sind. Und weil es kaum strukturelle Entwicklungsmaßnahmen gibt, die dieser Krise Herr werden könnten, bleibt für den Einzelnen nur noch, den Arbeitseinsatz zu erhöhen, in der Hoffnung, dass damit die von ihm erwarteten Ergebnisse besser werden.

Die Energiereserven eines Menschen sind aber nicht unendlich, irgendwann ist dann nur noch der Beruf wichtig. Damit sind Konflikte mit den Erwartungen aus den anderen Rollen einer Person vorprogrammiert. Wenn man sich keine Zeit mehr für die Entwicklung der Kinder nehmen kann, muss man sich nicht wundern, wenn Kinder führungslos sind und nach Orientierung suchen. Wenn man zu erschöpft ist, um sich mit seiner Partnerin oder seinem Partner auseinanderzusetzen, dann muss man sich nicht wundern, wenn es irgendwann keine Beziehung mehr gibt. Die Krisen in den Partnerschaften und in den Familien sind also häufig ein Produkt des Diktates der Wirtschaft, weil berufliche Entwicklung, Partnerschaft und Familie nicht mehr so einfach vereinbar sind.

Daneben gibt es noch die anderen erwähnten Krisengebiete. Auf die Politik dürfen wir uns nicht mehr verlassen. Die steckt selbst tief in einer Krise. Es geht nur noch um die nächste Wahl und nicht mehr darum, wofür jemand steht. Auch in den Schulen erleben wir ein Spiegelbild der Krise der Gesellschaft. Politische und wirtschaftliche Diktate sind im schulischen Alltag allgegenwärtig und sabotieren den eigentlichen Auftrag der Schulen, junge Menschen in ein gelingendes Leben zu führen. Die Kirche, früher Fixpunkt im gesellschaftlichen

Leben, hat ihre Bedeutung verloren. War sie früher als hilfreiche Orientierungsgeberin gefragt, ist sie heutzutage ziemlich aus unserem Alltag verschwunden. Sie beschäftigt sich zu sehr mit sich selbst, anstatt auf die Menschen zuzugehen. Die Kirche hat für die Probleme des modernen Menschen – ob jung oder alt – nicht mehr die passenden Antworten. Aber auch die Medien stecken in der Krise. Es geht mehr um Schlagzeilen und Auflagen, als um einen beschreibenden Journalismus, der Meinungsbildung zulässt und fördert, aber nicht Meinung zu diktieren versucht.

Der Boden, auf dem die Krisengebiete gewachsen sind, ist wohl der Verlust von Werten. Was früher als ausgemacht galt, wird heutzutage infrage gestellt. Man kann sich auf nichts mehr verlassen. Führung findet kaum mehr statt. Jeder weiß selbst alles am besten. Mit Unterordnung, Demut und Öffnung für Führungsprozesse kann die heutige Gesellschaft kaum mehr etwas anfangen. Der Mensch will selbst Gott sein und kann mit der Idee nichts mehr anfangen, sich auf einen Weg zu Gott zu machen. Er will selbst Schöpfer sein, nicht Geschöpf eines fernen Gottes, und so leugnet und missachtet er ihn, anstatt ihn zu suchen.

Ich nehme die Abbiegung hinauf zur Hochebene. Das Kloster liegt auf knapp über 1000 Meter Seehöhe. Die Straße schlängelt sich in langgezogenen Kurven hinauf nach St. Lambrecht, meinem Ziel entgegen. Bei meinem ersten Klosterbesuch wollte ich einfach eine Auszeit nehmen und mich für diese geheimnisvolle Welt hinter den dicken Klostermauern öffnen. Diesmal habe ich ein konkretes Ziel. Ich will mich mit dem Thema »Führen nach Gottes Vorbild« auseinandersetzen und die Weisheit der Mönche nutzen, um mich diesem Thema weiter anzunähern.

Wenn man die Krise unserer Gesellschaft genauer betrachtet, stellt man fest, dass es sich vor allem um eine Führungskrise handelt. Es wird nicht mehr geführt. Echte Führungsprozesse werden nicht erwartet, nicht gelernt, nicht gefördert und passieren dann natürlich auch nicht. Warum ist das so? Führungsprozesse sind vor allem eines, nämlich anstrengend. Es kostet sehr viel Kraft, sich immer wieder nahe an die Menschen zu bewegen, sie zu fordern und nicht nach den ersten Abwehrversuchen schon wieder aufzugeben. Man muss mitten in die Komfortzonen der Menschen eindringen, sie abholen und ihnen den Sinn von Entwicklung verkaufen. Wenn man die Menschen erreichen will, muss man sie ernst nehmen und an der Situation, in der sie sich gerade befinden, interessiert sein.

Die Grundlage der Führungskrise muss in den Familien gesucht werden, dort, wo die Menschen ihre erste Erfahrung mit Führung und Entwicklung machen. Oder eben nicht, wenn Eltern keine Zeit, keine Lust oder keine Kraft mehr haben, sich auf die Führungsprozesse mit ihren Kindern einzulassen. Oder wenn sie ganz einfach nicht wissen, wie das gehen soll in der heutigen Zeit, in der Autorität gerne mit autoritär verwechselt wird und man ernsthaft davon ausgeht, dass Kinder ihren Weg in das Leben schon irgendwie von selbst finden werden.

Man weiß also nicht mehr, wie man führt, man lernt es nicht, man tut es nicht. In früheren Zeiten gab es so etwas wie eine Tradition der Führung. In den Familien wurden Leitbilder dafür von Generation zu Generation weitergegeben. In den Großfamilien früherer Tage haben die jungen Mütter von ihren eigenen Müttern und Großmüttern gelernt, wie Führen gehen kann. Man war nicht alleine gelassen, konnte manches delegieren und langsam durch das Feedback der erfahreneren Mitglieder der Großfamilie in die Führungsrolle hineinwachsen. Den Kindern wurden stabile Strukturen geboten, sie lernten, sich zu ordnen, und wurden erst dann mit größerer Freiheit konfrontiert, wenn sich ihre Persönlichkeit so weit entwickelt hatte, dass sie damit sinnvoll umgehen konnten. Die jungen

Väter lernten ebenfalls von ihren Vätern und Großvätern, wie man eine Vaterrolle sinnvoll anlegt. So erlebten die Kinder den Vater als jenen Part in der Erziehung, der ihnen etwas zumutete, damit sie ihre Stärken erfahren und erleben konnten. Den Müttern kam eher der Teil der liebevollen Zuwendung und Fürsorge zu. Auch wenn in diesen Großfamilien natürlich nicht immer alles konfliktfrei abging, so waren sie insgesamt doch ein Ort, an dem die Kinder behütet und umsorgt, aber auch gefordert und gefördert in das Leben hineinwachsen konnten.

Heutzutage scheint Erziehung verpönt zu sein. Der Verlust der Werte macht sich gerade in der Führung von Kindern bemerkbar. Man erlebt Improvisation statt Regeln, Laisser-faire statt Autorität und Gleichgültigkeit statt Prinzipien. Man will sich die Liebe der Kinder erkaufen, indem man ständig nachgibt und sich ihren Willen aufdrängen lässt. So können die Kinder keine Widerstandskräfte mehr entwickeln, das wahre Leben nicht kennenlernen und sich darin später auch nicht zurechtfinden.

Wo Führen in den Familien nicht vorgelebt wird, da kann man es natürlich auch nicht lernen. Die Kinder gehen dann mit einer unentwickelten und ungeordneten Persönlichkeit in das Leben hinaus. Dort treffen sie auf Vorgesetzte, die ihrerseits nicht zu führen gelernt haben und sich deswegen auch nicht auf echte Entwicklungsprozesse mit den ihnen anvertrauten Personen einlassen. Auf der Strecke bleibt die Entwicklung der Gesellschaft. Krisen entstehen immer aus dem Mangel an Führung. Unsere Gesellschaft kann demnach auch nur mit echten Führungsprozessen aus ihrer Krise herausgeführt werden.

Ich fahre aus einem Waldstück heraus, und plötzlich sehe ich die riesige Klosteranlage, die das Ortsbild von St. Lambrecht bestimmt. Beim ersten Mal hat mir dieser majestätische Anblick gro-

ßen Respekt eingeflößt. Diesmal habe ich das Gefühl, nach Hause zu kommen, in eine Welt, die mich fasziniert und annimmt. Ich beziehe mein Zimmer, Kreuzgang Nummer drei. Ich habe einen hübschen Raum. Zwei Betten, Tisch und Kasten, funktionierende Heizkörper, Bad/WC. Ich betrachte das Kreuz an der Wand und sage: »Jesus, hier bin ich wieder. Voll Freude und Erwartungen. Es wäre schön, wenn du mich an diesen Tagen intensiv begleitest!«

Es ist noch ein bisschen kalt im Zimmer, weil es anscheinend nicht vorgeheizt wurde und die sechs Meter hohen Räume auch schwer zu heizen sind. Hinzu kommt noch der nicht ganz dichte Türspalt. Die Türe führt auf den eiskalten, aber wunderschönen Kreuzgang hinaus, und die Fenster sind wohl auch nicht ganz dicht. Ich drehe alle Heizkörper voll auf, sie werden sofort knallheiß. Ein paar Stunden habe ich noch Zeit, bis das Seminar beginnt. Ich will den herrlichen Tag nutzen und joggen gehen.

Gleich hinter dem Kloster führt ein Forstweg leicht ansteigend zwischen Wiesen, Feldern und Wäldern hindurch. Die Sonne scheint am tiefblauen Himmel. Mir geht es so richtig gut. Mensch, werde wesentlich! Ich denke darüber nach, wie unwesentlich wir Menschen geworden sind. Wir beschäftigen uns kaum mehr mit Gott. Wo kommen wir her? Wo gehen wir hin? Welchen Sinn hat dieses Leben?

Wir Menschen sind in unserem aufgeklärten Zeitalter Weltmeister darin geworden, solche Fragen einfach wegzuschieben. Wir wollen uns nicht damit beschäftigen. Wir schaffen uns einen Lebensablauf, der so zeitintensiv ist, dass wir auch gar nicht mehr die Ressourcen hätten, uns ernsthaft mit den Fragen, woher wir kommen und wohin wir gehen, zu beschäftigen. Da kommen uns auch die Rekorde an Arbeitsleistung, die wir jedes Jahr immer wieder von Neuem brechen, sehr entgegen. 70 bis 80 Stunden in der Woche sind heutzutage die Realität von vielen Managern und Selbständigen, aber auch von Angestellten. Für Frauen, die im Beruf stehen und daneben noch für Familie und Haushalt zuständig sind, ist die Belastung sowieso enorm. Und das jeden Tag, die ganze Woche lang. Aber auch die Schüler sind mit vollgestopften Arbeitsplänen heillos überfordert. Was uns an Freizeit bleibt, verbringen wir mit den Medien. Wir tummeln uns in sozialen Netzwerken und lassen uns im Fernsehen mit einer der vielen Doku-Soaps berieseln, bis wir irgendwann einschlafen. Dieser intensive Arbeitseinsatz und der Verbrauch der Freizeit mit Dingen, die uns beschäftigen, aber nicht weiterbringen, rauben uns die Kraft und die Zeit, uns mit dem Sinn des Lebens zu beschäftigen.

Wir bauen uns also eine Welt, in der wir keine Zeit mehr haben, uns mit etwas zu beschäftigen, was tief in uns immer wieder einmal gehört werden will. Wirklich angehen wollen wir diesen Prozess nicht, und da kommt es uns sehr gelegen, dass wir keine Zeit dafür haben. Nur manchmal reißt uns etwas ganz abrupt und brutal aus dieser Welt des Verdrängens: der plötzliche Tod eines nahen Angehörigen. Dann spielen Zeit und Arbeit keine Rolle mehr. Wir sagen alle Verpflichtungen ab und beschäftigen uns mit unserem Leid und dem Leid unserer Verwandten. Wir hadern mit Gott. Wir fragen uns, warum er uns das antun konnte. Aber immerhin, dann gibt es Gott wieder, und dann beten wir auch wieder in der Gemeinschaft der Verwandten und Freunde. Wir reden von Seele und Seelenwanderung, wir blicken einen Moment lang hinüber auf die andere Seite. Gott ist wieder da. Wenn auch nur für ein paar Tage, bis uns der Alltag wieder voll in Beschlag nimmt und wir die Gedanken an Gott, den Tod und das Leben wieder erfolgreich wegschieben.

Ich komme auf einer Anhöhe an. Die Sonne steht schon sehr tief. Trotzdem hat sie noch ein wenig Kraft und wärmt mich. Ich stelle mich auf einen Felsen und genieße den Blick über das Tal, das *zum Teil schon im Schatten liegt.* Eine große Dankbarkeit erfüllt mich, dafür, dass ich dem Sinn meines Lebens auf der Spur sein darf. Als Kind war ich Gott ganz nahe. Dann habe ich ihn lange Zeit verloren und schließlich wiedergefunden bei jenem ersten Seminar im Kloster vor sieben Jahren. Ich betrachte es als großes Geschenk, dass ich auch in meinem Beruf als Coach über Gott reden kann. Gott ist nicht mehr nur mein privates Hobby, sondern auch mein Beruf geworden, seit damals, an diesem denkwürdigen Tag im Jahre 2008.*

Oft denke ich an die Erfahrungen mit Gott in meiner Kindheit. Als eifriger Ministrant war ich fast jeden Tag in der Kirche, an vielen Tagen war ich gleich für mehrere Gottesdienste als Messdiener eingeteilt. Mein Leben hatte einen Sinn. Natürlich hatte ich davon eine sehr kindliche Vorstellung. Aber ich fühlte mich einfach wohl. Ich hatte meinen Platz und meinen Auftrag.

Wenn ich Glück in meiner Kindheit mit einer bestimmten Situation verbinden müsste, dann kämen mir sofort die Auferstehungsmessen in der Osternacht in den Sinn. Ich durfte nicht nur daran teilnehmen, sondern auch einen aktiven Beitrag dazu leisten. Ich fühlte mich direkt mit dem Sinn meines Lebens im Einklang. Vor der Messe standen wir in Zweierreihe vor der Kirche. Gut ein Dutzend Ministranten, zwei Kapläne und der Dechant. In einer Eisenschale brannte das Osterfeuer, an dem wir die große Osterkerze angezündet hatten. Damals, mit acht Jahren, war ich noch einer der jüngsten Ministranten und durfte den Zug in die Kirche hinein in der ersten Reihe anführen. Wir gingen langsam in das Gotteshaus, in dem nur ein kleines Licht brannte, damit wir den Weg fanden. Das große Licht des auferstandenen Herrn brachten wir mit in die Kirche, die bis auf den letzten Platz gefüllt war. Unser Zug stoppte dreimal. Der Dechant sang die Worte »Christus, das Licht«, und wir alle antworteten mit »Dank sei Gott«.

Mit 14 Jahren ging meine Karriere als Ministrant zu Ende, und ich begann mich mehr und mehr von Gott zu entfernen. Ob im Studium oder im Freundeskreis, ob bei Treffen mit Verwandten oder in anderen Gesellschaften, Gott war plötzlich kein Thema mehr. Es gab anscheinend so etwas wie eine geheime Absprache unter den Menschen, nicht über Gott zu reden, wohl aber christliche Traditionen aufrechtzuerhalten. Man ließ die Kinder weiterhin taufen, man ließ sich kirchlich trauen, und auch die Firmung war immer noch für viele Jugendliche ein Fixpunkt in ihrer Entwicklung. Man traf die Vorbereitungen, ging in die Kirche und wieder hinaus, als ob dazwischen nichts passiert wäre.

Später machte ich Karriere als Verkaufsleiter in einer großen Versicherung in Österreich, und danach wagte ich den Sprung in die Selbständigkeit, als Managementberater, Trainer und Coach – Tätigkeiten, die ich bis zum heutigen Tage ausführe.

Seit meinem ersten Seminar in einem Kloster arbeitete ich nun mit der Benediktsregel, jenem Ordnungsmuster, das die Grundlage der Abläufe in den Benediktinerklöstern regelt. Das Werk faszinierte mich, und ich entschied im Lauf des Seminars, die Benediktsregel für meine Arbeit als Führungskräfte- und Verkaufstrainer fruchtbar zu machen. Den Segen von oben hatte ich anscheinend dazu, denn die Manager, die ich mit dieser Idee konfrontierte, waren größtenteils überzeugt davon, dass sich damit die Entwicklung ihrer Unternehmen verbessern ließe und gleichzeitig der Mensch wieder in den Mittelpunkt rücke, als wertvoller Teil des Ganzen, nicht nur als Arbeitskraft.

Dieses Seminar im Kloster hat aber nicht nur meine Arbeit als Trainer und Coach wesentlich beeinflusst, sondern auch mein Leben wieder Gott nähergebracht. Ich erinnere mich genau an jenen Dezembertag des Jahres 2008, als wir gemeinsam eine Messe zum Abschluss des Seminars feierten. Und als der

Priester die Worte der Wandlung sprach: »Denn am Abend, als er ausgeliefert wurde und sich aus freiem Willen dem Leiden unterwarf …«, verspürte ich eine heftige Regung in meinem Körper, ein unbeschreiblich schönes, intensives Gefühl, das mich tief bewegte. Damals beschloss ich, mein Leben wieder Gott zu widmen, und ich hatte das Gefühl, einen klaren Auftrag Gottes für mich zu erkennen. Ich war, so schien es, beauftragt, ein Brückenbauer zu werden zwischen der Welt der Wirtschaft und der Spiritualität der Benediktiner.

Was aber passiert, wenn ein Mensch sich dafür entscheidet, Gottes Ruf anzunehmen? Gott zeigt sich. Durch Zeichen und kleine Wunder, durch Menschen, die einem begegnen, durch Träume und Erkenntnisse. Ich habe 2008 damit angefangen, solche Zeichen des Herrn in einer Datei »Zeichensprache« zu sammeln.

Ein Beispiel dazu möchte ich Ihnen nicht vorenthalten: Im Benediktinerstift St. Paul in Kärnten gab es im Jahr 2009 eine Ausstellung mit dem Titel »Die Macht des Wortes«. Ich hatte mir vorgenommen, diese Ausstellung zu besuchen, weil dort eine der ersten Abschriften der Benediktsregel ausgestellt war. Ich schob den Besuch aber immer wieder hinaus. Eines Tages war ich mit meinem Auto unterwegs in Österreich, die Reise führte mich zu einem Seminar nach Wien. Zu Beginn der Rückfahrt nach Kärnten fiel mir auf, das der Kilometerzähler schon fast 50.000 anzeigte. Ich nahm mir vor, darauf zu achten, wie die Anzeige auf die runde Zahl springen würde. Ich war gespannt, an welcher Stelle meiner Reise es so weit sein würde.

49.999. Ich blickte mich um und fragte mich, ob mir dieser Zeitpunkt in meinem Leben etwas Bestimmtes mitteilen wollte. Ich konnte nichts Besonderes erkennen. Keine Autobahnausfahrt, keine Kirche an einem Berghang, keinen LKW mit einer interessanten Aufschrift. Ich gebe zu, ich war enttäuscht. Gerade in diesem Augenblick, als die Kilometeranzeige des Autos auf 50.000 sprang, tauchte neben mir, an den Leitblanken der Autobahn befestigt, ein braunes Schild mit weißer Aufschrift auf: *Nächste Ausfahrt ... Stift St. Paul ... Ausstellung ... Die Macht des Wortes.*

Ich war begeistert – für mich war dieses Erlebnis ein Eingreifen des Schöpfers in mein Leben. Damals war ich verwundert, wie so etwas geschehen konnte. Heute nehme ich solche Zeichen einfach dankbar an, richte mein Leben danach aus und frage mich nicht mehr, wie so etwas möglich ist. Ich übe mich darin, die Sprache Gottes zu verstehen und seinen Willen, so gut es eben geht, umzusetzen.

Der letzte Anstieg auf dem Rückweg ins Kloster fordert mich. Ich komme am höchsten Punkt der Strecke an und werde mit einem großartigen Ausblick belohnt. Das Stift strahlt in der untergehenden Sonne; geheimnisvoll, fast unwirklich steht es da und erinnert die Menschen dran, wesentlich zu werden. Ich bleibe kurz stehen und sehe der Sonne zu, wie sie hinter dem Berg verschwindet. Ich spüre in diesem Augenblick, dass das Leben ein Geschenk Gottes ist, das irgendwann beginnt, aber auch wieder endet.

In den letzten Jahren habe ich mich dem Benediktinerorden angenähert. Es begann mit der Frage eines Managers, was denn die Benediktiner dazu sagen, dass ich mit der Benediktsregel arbeite. Diese Frage war der Anlass für mich, auf den Orden zuzugehen.

Ich recherchierte und stellte fest, dass der Benediktinerorden der größte Orden der Christenheit ist, mit circa 8000 Mönchen und 20.000 Nonnen, die sich über circa 800 Klöster auf der ganzen Welt verteilen. Der Hauptsitz des Ordens befindet sich in Rom am Aventin im Kloster Sant'Anselmo, das neben der Zentrale des Ordens mit den entsprechenden Funktionsträgern auch eine Universität mit jährlich etwa 300 Studenten aus der ganzen Welt beherbergt. Der Oberste des Ordens ist der Abtprimas. In den letzten Jahren wurde dieses Amt von Dr. Notker Wolf ausgeübt, einem kernigen Bayern, ehemals Abt der Erzabtei St. Ottilien. Notker Wolf ist ein Mensch, der sich nicht hinter Klostermauern versteckt. Er reist in Angelegenheiten des Ordens, aber auch als Vortragender rund um die Welt, ist immer gerne gesehen in Talkshows und begehrter Interviewpartner der Medien. Außerdem ist er Autor zahlreicher Bücher, in denen er auch zu kritischen Themen Stellung nimmt.

Ich ging auf ihn zu, und er hat mich sofort nach Rom eingeladen. Dreimal war ich in den letzten Jahren dort, immer eine Woche im Sommer. Notker hat sich immer Zeit genommen für ausführliche Gespräche mit mir. Und dabei konnte ich feststellen, dass er neben den zahlreichen Funktionen, die er innehält, vor allem ein Mensch ist, der sich für andere Zeit nimmt, der andere entwickeln will. Er sucht Führungssituationen, spricht klar an, fordert und fördert, und – vor allem – er liebt die Menschen. Mit allen Eigenheiten und Fehlern, die eben jeden Einzelnen ausmachen. Er scheut auch nicht davor, selbst in den Spiegel zu sehen, um sich als Führungskraft ständig weiterzuentwickeln.

Ich habe im Laufe der letzten sieben Jahre zahlreiche Benediktinermönche und -nonnen kennengelernt. Jedes Gespräch mit ihnen habe ich als einen weiteren Schritt in meiner Entwicklung erlebt. Abt Otto vom Stift St. Lambrecht, der mich vor sieben Jahren auf diesen Weg gebracht hat, verdient natürlich noch eine persönliche Erwähnung. Ich freue mich auf das Wiedersehen mit ihm.

Nach dem Duschen sehe ich auf das Display meines Handys. Ein Kunde hat angerufen und bittet um Rückruf. Eigentlich wollte ich ja komplett abschalten, aber der Name des Kunden bewegt mich dann doch, anzurufen. Der Kunde, Herr M., ist Manager in einer großen österreichischen Versicherung. Er hat vor einigen Tagen genau in diesem Kloster auf mein Anraten hin ein Führungsseminar besucht. Wir hatten noch keine Gelegenheit, darüber zu reden. Ich will ihm die Gelegenheit geben und rufe ihn an.

Gut, dass ich ihn angerufen habe. Herr M. hat sich bei seinem Seminar überhaupt nicht wohlgefühlt. Ich höre einfach nur zu. Herr M. erzählt von einer großen Einsamkeit, die er erlebt hat. Er hat sich das Seminar wohl als eifrigen Austausch zwischen Seminarleiter und Teilnehmern und auch der Teilnehmer untereinander vorgestellt. Aber so laufen Seminare im Kloster in der Regel nicht ab. Im Kloster geht es ruhig zu. Die Seminare sind meist so angelegt, dass der Seminarleiter zwei Inputs am Tag gibt, dann wird ausreichend Zeit eingeräumt, das Gehörte zu verarbeiten und auf die eigene Lebenssituation zu übertragen. Auch beim Essen ist eher Schweigen angesagt. Man ist viel in Gemeinschaft, beim gemeinsamen Gebet, im Seminarraum, beim Essen. Aber genauso viel Zeit ist man auch alleine.

Mir wird klar, dass es für einen Manager eine sehr große Herausforderung sein kann, wenn man alles, was man ist, an einer Klosterpforte abgibt und in eine Welt eintaucht, die vorerst tatsächlich befremdet. Hier sind alle gleich. Es gibt nichts zu entscheiden, keinen Termindruck, keine Konferenzen, keine Telefonate. Man kommt in seinem schlichten Zimmer an und hat plötzlich nur noch sich selbst. Man wird quasi gezwungen, sich mit der Situation zu beschäftigen, in der man sich gerade befindet. Nichts ist da, nur Stille, die bedrohlich sein kann. Gerade für jemanden, der 70 Stunden in der Woche einem stressigen Job nachgeht und alles Nachdenken über sich und sein Leben bisher ausgeblendet hat.

Herr M. hat wohl tatsächlich das Pech gehabt, sich in einer Gruppe zu befinden, in der sich die Menschen nicht öffnen wollten. Er sagte, er habe schon versucht, Kontakt mit den Menschen aufzunehmen, sei damit aber nicht auf fruchtbaren Boden gestoßen. Die anderen Mitglieder der Gruppe waren so sehr mit sich selbst beschäftigt, dass auch außerhalb der Inputs keine Kommunikation zustande kam.

Ja, Schweigen kann wirklich erdrückend sein. Ich habe aber insofern andere Erfahrungen, als ich immer die Kommunikation mit anderen Teilnehmern gesucht habe. Man kann gemeinsam mit einem anderen nach einem Input spazieren gehen und ein Thema aufarbeiten. Man kann natürlich auch am Abend mit anderen auf ein Bier gehen. Das muss man sich aber organisieren. Bisher war ich immer in Gruppen, in denen das möglich gewesen ist. Außerdem kann man sich jederzeit ein Gespräch mit einem Mönch organisieren. Das Schweigen beim Essen habe ich allerdings beim ersten Klosterbesuch auch als erdrückend erlebt. Mittlerweile genieße ich es, einfach nur dazusitzen, sein Essen einzunehmen und mit dem einen oder anderen Teilnehmer einen freundlichen Blick auszutauschen.

Kurz vor 17:00 Uhr. Zeit, in den Seminarraum zu gehen und wesentlich zu werden. Ich bin froh, dass ich das Telefonat mit Herrn M. doch noch geführt habe. Ich nehme mir vor, während des Seminars darauf zu achten, dass es den Teilnehmern gut geht. Ich werde ja wohl wieder einer der wenigen sein, die mit Seminaren im Kloster schon einige Erfahrung sammeln konnten. So nehme ich das Telefonat auch als Auftrag mit, auf andere zu achten.

2. Kapitel: Mensch, werde wesentlich

Ich bin als einer der Ersten im Seminarraum. Der Seminarleiter Pater Gerwig ist schon da. Ich kenne ihn von einem meiner früheren Aufenthalte in St. Lambrecht. Wir begrüßen uns herzlich. Ich gehe auf die eintreffenden Teilnehmer zu, gebe jedem die Hand und stelle mich mit meinem Vornamen vor. Die anderen Teilnehmer tun es mir gleich. Ein allgemeines Händeschütteln beginnt, eine entspannte Atmosphäre macht sich breit.

Wir sitzen im Kreis, eine friedliche Stille begleitet uns. Der Pater blickt freundlich in die Runde, dann eröffnet er das Seminar. Wir machen eine kurze Vorstellungsrunde. Ich merke, dass da eine sehr interessante Gruppe zusammengekommen ist. Menschen aus unterschiedlichsten Berufsgruppen, vier Frauen, acht Männer. Die meisten haben schon Erfahrungen mit Klosteraufenthalten gesammelt.

Der Pater erklärt uns den Ablauf des Seminars. Wir erhalten einen Folder, in dem alle Aktivitäten und die Orte, an denen sie stattfinden, aufgelistet sind. Ich bin sehr dankbar für diese klare Strukturierung meiner folgenden Tage. Der Pater rät uns, nach Möglichkeit beim Essen und in der Freizeit zu schweigen. Ich denke an meinen Kunden, Herrn M., und nehme mir vor, darauf zu achten, dass uns das Schweigen nicht erdrückt.

»Mensch, werde wesentlich!« Der Pater erklärt, dass wir uns in den folgenden Tagen auf die Suche nach dem Wesentlichen in uns machen wollen. Wir werden eingeladen, uns für die folgenden Inputs zu öffnen und die Kernaussagen anschließend für uns aufzuarbeiten.

Der erste Input dreht sich um die Selbstverständlichkeit, mit der wir so vieles, was uns geschenkt wird, einfach annehmen. Wir denken nicht darüber nach, dass es ein Geschenk ist, wenn

wir am Morgen gesund aufstehen. Wir nehmen es als selbstverständlich hin, dass wir ein Haus oder eine Wohnung haben, einen Job, ein Auto. Aber auch soziale Anerkennung, Freunde und Weggefährten. Kleidung und Essen. Jeder von uns lebt in einem gewissen Luxus. Natürlich, dafür haben wir auch hart gearbeitet. Ich bin froh, wieder einmal angestoßen zu werden, Danke zu sagen dafür, dass es mir und meiner Familie so gut geht.
Wir wechseln den Ort und gehen in den Meditationsraum. Jeder sucht sich einen für ihn angenehmen Platz. Dann liest der Pater uns einen meditativen Text vor. Wir schließen die Augen und betrachten die Bilder, die der Text in uns auslöst. Anschließend verharren wir im Schweigen, bis ein lauter Gong uns wieder in die Realität zurückholt. Es ist Zeit, langsam aufzustehen und an der Messe und dem Abendgebet der Mönche teilzunehmen. Beim anschließenden Abendessen wird wieder geschwiegen. Danach treffen wir uns noch einmal im Seminarraum, um den ersten Tag zu beenden. Er endet mit einem Abendgebet aus dem Buch der Psalmen: »*In Frieden lege ich mich nieder und schlafe ein. Denn du allein, Herr, lässt mich sorglos ruhen.*« (Ps 4,9)

Ich gehe früh zu Bett. An Schlafen ist aber nicht zu denken. Die vielen Eindrücke des Tages kreisen in meinem Kopf. Am nächsten Tag werde ich früh aufstehen müssen. Das Morgengebet mit den Mönchen ist für 6:00 Uhr angesetzt. Ich habe Sorge, dass ich verschlafen könnte und dass ich zu wenig Schlaf bekomme, wenn ich nicht endlich einschlafe. Ich muss in mich hineinlächeln. Die Situation ist ja wirklich grotesk. Da nimmt jemand eine Auszeit im Kloster und hat Sorge, am nächsten Tag früh genug aufzustehen. Der Alltag fordert uns immens, und wenn wir uns dann endlich einmal eine Auszeit gönnen, dann fällt es uns schwer abzuschalten. Irgendwann schlafe ich dann doch ein.

Es ist stockfinster, als der Wecker abgeht: 5:40 Uhr. Ich springe aus dem Bett, mache mich kurz frisch und begebe mich hinaus in den Kreuzgang. Die Luft ist eisig kalt. Am Ende des Ganges brennt eine Lampe, zu wenig Licht, um sich zu orientieren. Ich schalte meine Taschenlampe ein und mache mich auf den Weg. Obwohl ich schon mehrmals in diesem Kloster war, bin ich mir nicht sicher, ob ich den Kapitelsaal, den Gebetsraum der Mönche, auf Anhieb finden werde. Ich treffe einen Teilnehmer des Seminars, wir gehen gemeinsam hin.

Das Chorgebet der Mönche am Morgen gehört zum Schönsten, was man in einem Kloster erleben kann. Der Tag ist noch nicht erwacht, man betet sich gemeinsam in das Licht des kommenden Tages. Gemeinsam mit den Mönchen rezitieren wir Psalmen. Uralte Gebete, die man zum Teil schon um circa 1000 vor Christus gebetet hat. Das Buch der Psalmen ist ein Teil des Alten Testaments und umfasst 150 Gebete – es sind Texte, die für jede Lebenslage passen. Dabei ist jeder Psalm ein in sich abgeschlossenes Gebet. An die direkte Sprache der Texte muss man sich erst gewöhnen. Da wird nichts verschwiegen oder beschönigt. Die Texte zeigen das Ringen des Menschen mit Gott in seiner gesamten Tiefe. Die Freude, wenn wir Gott erkennen, und die Verzweiflung, die wir manchmal erleben, wenn wir uns von Gott allein gelassen fühlen. Mal ist der Dank an Gott für ein besonders schönes Ereignis ein Thema oder auch eine konkrete Bitte des Betenden, ein andermal befindet sich der Betende in größter Not und klagt Gott sein Leid. Der Lobpreis Gottes für seine Werke zieht sich wie ein roter Faden durch die Gebete, wie auch das Eingeständnis der Schuld der Menschen und die Bitte um Verzeihung.

Die Mönche haben eine Ordnung, die die Reihenfolge der Psalmen über das Jahr festlegt. Als Außenstehender findet man sich nicht so leicht zurecht. Ich freue mich jedes Mal darüber, dass angesagt wird, in welchem Buch auf welcher Seite man die Texte findet. Es sind mehrere Bücher, die verwendet werden, daneben gibt es noch Extrablätter. Beim Beten liest die eine Seite im Raum den ersten Teil eines Absatzes, worauf die andere Seite mit dem Lesen des zweiten Teils antwortet. Die Zeit scheint stillzustehen. Man hat nichts anderes zu tun, als Psalmen zu lesen, Wort für Wort, Zeile für Zeile. Da ist niemand von außen, der einen stört. Kein Handy läutet, kein Fernseher läuft. Alle Konferenzen und Telefonate und der Termindruck im Job haben jetzt Pause. Aber auch die Familie kann jetzt nichts von einem fordern. Die Kinder, die manchmal ganz schön anstrengend sind, sind jetzt still. Die Partnerin, die vielleicht gerade ein Problem bis ins letzte Detail diskutieren will, hat jetzt keine Stimme. Jetzt ist die Zeit für Gott. Die Auseinandersetzung mit dem Wesentlichen. Mensch, werde wesentlich. Das Psalmengebet mit den Mönchen ist eine besonders schöne Form des Betens, weil es eine so lange Tradition hat. Man reiht sich ein in die Geschichte der Mönche, sitzt an einem Platz, an dem ein Mönch schon vor Hunderten von Jahren gesessen ist. Man wird Teil des Ganzen, Mönch auf Zeit. Immer wenn ich mit den Mönchen im Chorgebet sitze, hoffe ich, dass es möglichst lange dauern möge.

Wir sitzen beim Frühstück. Wieder wird geschwiegen. Ich habe das Gefühl, dass das jetzt nicht passt, und frage ganz laut in die Runde: »Hat irgendjemand gut geschlafen?« Schallendes Gelächter bricht aus. Ich habe wohl einen wunden Punkt getroffen. Ab diesem Zeitpunkt haben wir bei den gemeinsamen Mahlzeiten munter miteinander geplaudert.

Wir befinden uns wieder im Seminarraum. Diesmal geht es um die Lebenssituation, in der sich jeder von uns befindet. Wir werden eingeladen, uns die Gabelungen anzusehen, die unseren Weg be-

stimmt haben. Der Pater bringt wichtige Fragen ins Spiel. Was ist bisher gut gelaufen? Was würden wir gerne anders machen, wenn wir eine Situation noch einmal gestalten könnten? Wie zufrieden sind wir mit dem Platz, an dem wir gerade stehen? Was ist der nächste Schritt, der jetzt gut passen würde? Was muss dafür getan werden? Welche Entscheidungen sind zu treffen?
Die anschließende Reflexionszeit verbringe ich auf meinem Zimmer. Ich liege auf dem Bett, starre die sechs Meter hohen Wände an und bin innerlich aufgewühlt. Mir wird bewusst, dass der Pater genau jene Fragen gestellt hat, die mich zurzeit bewegen.

Mit der Entwicklung der letzten sieben Jahre bin ich im Großen und Ganzen zufrieden. Natürlich fallen mir sofort einige Situationen in der Partnerschaft und mit den Kindern ein, die ich im Nachhinein gerne anders gestaltet hätte. Daran ist jetzt selbstverständlich nichts mehr zu ändern, und das kann auch nicht der Sinn des Nachsinnes sein. Wohl aber kann man für sich selbst Muster entdecken, die immer wieder gleich ablaufen. Solche Muster sollte man bewusst bearbeiten und dann seine Verhaltensweisen verändern. Einiges davon ist mir auch schon gut gelungen, an anderen notwendigen Entwicklungen muss ich noch arbeiten.

Die berufliche Entwicklung erfüllt mich mit großer Freude. Die Weggabelung 2008 bei meinem ersten Klosterbesuch hat für mich genau in die richtige Richtung geführt. Bis dahin war ich als Führungskraft und Verkaufstrainer auch schon erfolgreich. Aber den tiefen Sinn in meiner Tätigkeit habe ich erst gefunden, nachdem ich die Benediktsregel zu ihrer Grundlage gemacht habe und der göttliche Geist in sie Einzug hielt. Ich arbeitete von da an mit der göttlichen Ordnung im Gepäck, als Grundlage aller Seminare und Coachingprozesse.

In den vielen Jahren als Managementtrainer habe ich immer wieder festgestellt, dass echte Führungsprozesse kaum stattfinden. Selten hat eine Führungskraft eine Vorstellung davon, wo ein Mitarbeiter steht und was geschehen muss, um ihn tatsächlich zu entwickeln. Zuerst muss der Mitarbeiter davon überzeugt werden, dass er von dieser Entwicklung einen Vorteil hat. Und dann braucht es eine Führungskraft, die diesen Weg ernsthaft mit ihm geht. Durch alle Krisen und Schwierigkeiten hindurch. Fördern und Fordern ist angesagt. Der Mensch muss in solchen Führungsprozessen im Mittelpunkt stehen. Er muss immer das Gefühl haben, dass es um seine persönliche Entwicklung geht, auch wenn das Ganze im beruflichen Kontext natürlich vor dem Hintergrund der betrieblichen Erfordernisse steht.

In der Benediktsregel habe ich also viele praktische Anleitungen dafür gefunden, wie Führen geht. Aber was steht hinter dieser Benediktsregel? Ist da nicht noch etwas, das früher war, eine Führungskraft, die schon seit ewiger Zeit existiert? Wäre es nicht an der Zeit, sich zu fragen, wie Gott führt, um daraus ein konkretes Führungsmuster abzuleiten und zu beschreiben, was allen Menschen, die in einem Führungsprozess stehen, eine Hilfe sein kann? »Führen nach Gottes Vorbild« müsste dieses Buch heißen. Kann es sein, dass es der Auftrag Gottes an mich ist, dieses Buch zu schreiben und jetzt damit anzufangen? Ein Buch für alle Menschen, die in Führungssituationen stehen, die Gott ihnen anvertraut hat. Ein solches Buch kann dann aber kein Wirtschaftsbuch mehr sein. Ich frage mich, wie meine Kunden darauf reagieren werden, dass der Coach für Vertriebsprozesse jetzt ein Buch über Gott persönlich schreibt. Werde ich mir damit Kunden vergraulen? Was wird meine Familie dazu sagen? Mit der Einführung der Benediktsregel in die Wirtschaft bin ich schon ein Risiko eingegangen; Gott sei Dank ist dabei alles gut gegangen. Meine Auslastung als Trainer ist nach wie vor gut, ich kann die finanziellen Erwartungen meiner Familie an mich erfüllen. Soll ich mich jetzt wirklich trauen, einen weiteren Schritt nach vorn zu gehen?

Mein Herz verlangt danach, aber ich habe auch Angst davor, den Schritt zu tun.

Ich stehe auf und setze mich an den Tisch. Dort liegt die Bibel. Ich suche einen passenden Psalm für meine augenblickliche Situation. Ich bitte Gott um Hilfe und vertiefe mich in den Text: »Dein Wort ist meinem Fuß eine Leuchte, ein Licht für meine Pfade. Ich tat einen Schwur und ich will ihn halten: Ich will deinen gerechten Entscheidungen folgen. Herr, ganz tief bin ich gebeugt. Durch dein Wort belebe mich! Herr, nimm mein Lobopfer gnädig an und lehre mich deine Entscheide! Mein Leben ist ständig in Gefahr, doch ich vergesse nie deine Weisung. Frevler legen mir Schlingen, aber ich irre nicht ab von deinen Befehlen. Deine Vorschriften sind auf ewig mein Erbteil; denn sie sind die Freude meines Herzens. Mein Herz ist bereit, dein Gesetz zu erfüllen bis ans Ende und ewig.« (Ps 119, 105–112)

Es ist Zeit, wieder in den Seminarraum zu gehen. Der Pater erzählt uns die Geschichte vom Sündenfall aus der Genesis, dem ersten Buch Mose. Gott hatte Adam und Eva verboten, von den Früchten vom Baum der Erkenntnis zu essen. Wir kennen diese Geschichte natürlich. Die Schlange verführt Eva dazu, Adam einen Apfel von diesem Baum zu reichen, und Adam isst ihn. Sofort plagt ihn das schlechte Gewissen, und er versteckt sich hinter einem Baum. Gott sucht ihn. Er ruft: »Adam, wo bist du?«

Der Pater führt weiter aus, dass Gott jeden von uns immer wieder suche und anspreche. Das geschehe zwar auf eine sehr leise Weise, aber doch immer wieder, bis eine Menschenseele endlich den Ruf höre und darauf antworte. Wer das Rufen Gottes hören wolle, der müsse aus dem Alltagsstress aussteigen und achtsam wahrnehmen, was im Laufe eines Tages so alles geschieht. Manchmal seien es seltsame Dinge, die zwischen Himmel und Erde passierten. Erkennen könnten wir sie nur, wenn wir darauf achteten, und nicht nur von einem Termin zum anderen hetzten, um dann am Abend todmüde ins Bett zu fallen.

Die Worte des Paters begeistern mich jedes Mal. Ich habe seit meinem ersten Klosterbesuch eine Datei »Zeichensprache« angelegt, die sich seither mehr und mehr mit seltsamen Ereignissen füllt. Ein Beispiel daraus habe ich im ersten Kapitel des Buches angeführt. Genau 50.000 Kilometer zeigte der Tachostand meines Autos an, als ich an dem Werbeschild an der Autobahn für die Ausstellung »Macht des Wortes« im Kloster St. Paul in Kärnten vorbeigefahren bin. Der Erkenntnisprozess damals war aber nur möglich, weil ich auf der Suche nach Zeichen war und gespannt darauf wartete, was passieren würde, wenn mein Tacho genau 50.000 Kilometer anzeigt. Wahrscheinlich geschehen viele Dinge zwischen Himmel und Erde allein deshalb, um einem bestimmten Menschen in einer bestimmten Situation etwas auszurichten. Die meisten davon erkennen wir nicht, weil wir unser Leben nicht danach orientieren, auf Zeichen zu achten.

Der Pater entlässt uns mit der Aufgabe, uns vorzustellen, dass Gott uns anspricht. Jeden von uns. Dass er genau diese Frage an mich richtet: »Karl, wo bist du?« Wir werden beauftragt, darüber nachzudenken, welche Antwort wir Gott geben würden. Die anderen Teilnehmer verlassen den Raum. Ich bleibe noch kurz sitzen, um der Frage zur genauen Analyse weitere Fragen hinzuzufügen: Also, Karl, wie würdest du den Auftrag beschreiben, den ich dir für dieses Leben mitgegeben habe? Was hast du aus den Talenten und Fähigkeiten gemacht, die ich dir geschenkt habe? Wie weit bist du auf dem Weg zu mir? Welche Entscheidung steht an? Wie kann ich dir helfen?

Meine Gedanken kreisen wieder um mein Buchprojekt »Führen nach Gottes Vorbild«. Ist es das, was ich jetzt tatsächlich angehen soll? Heißt die Frage »Karl, wo bist du?« für mich vielleicht: »Karl, wann fängst du endlich damit an?« Ich habe ja schon damit angefangen, mehr als das. Und Gott weiß das natürlich. Im letzten Jahr habe ich das Konzept für das Buch erstellt und schon viele Seiten geschrieben. Eine Rohversion liegt also schon vor. Ich hatte immer das Gefühl, Gott will, dass ich dieses Buch schreibe, und habe viele Stunden in die Ausarbeitung investiert. Oft hatte ich beim Schreiben ein euphorisches Glücksgefühl, dann kam es mir wieder vor, als hätte ich noch nicht genau verstanden, was Gott von mir will.

Ich gehe hinunter in den Kreuzgang, wo sich mein Zimmer befindet, und über die Stufen, die an den Trittflächen leicht gewölbt sind; stumme Zeitzeugen, die davon künden, dass im Laufe der Jahrhunderte eine große Anzahl von Mönchen diesen Weg gegangen ist. Ich will noch eine Runde im Kreuzgang drehen. Da ist sie wieder. Die Feder. Eine wunderschöne Vogelfeder, schwarz, klar gezeichnet mit einem festen weißen Stiel. Ich müsste sie nur aufheben, in ein Tintenfass stecken und weiter an meinem Buch schreiben.

Im Laufe des letzten Jahres bin ich immer wieder über solche Federn gestolpert, oft an Plätzen, wo sich normalerweise keine Vögel aufhalten. Auch hier im Kreuzgang habe ich noch nie einen Vogel gesehen, trotzdem liegt sie da, die schöne Feder, ein Zeichen für mich. Viele würden jetzt sagen: »Na gut, da liegt eine Vogelfeder, was hat das mit mir zu tun?« Den meisten wäre diese Feder wahrscheinlich gar nicht aufgefallen, sie wären achtlos daran vorbeispaziert.

Wenn Dinge für einen bestimmten Menschen eine Bedeutung haben, dann spürt man das. Ganz deutlich im Herzen und im Sinn, der den Blick auf dieses Zeichen fixiert. Ich entschließe mich, Gott herauszufordern, und sage: »Gut, großer Gott, ich sehe die Feder. Du merkst, dass ich immer noch zweifle. Wenn du mir eine goldene Feder schickst, dann werde ich nicht mehr zweifeln, sondern sofort damit beginnen, das Buch zu vollenden.« Ich lächle *und denke, dass ich damit das Thema weit von mir weggeschoben habe. Gott lässt sich nichts befehlen, und eine goldene Feder ist ja nun wirklich nicht etwas, was man einfach so am Weg finden kann.*

Es ist Zeit, Abt Otto zu besuchen. Er hat mich in sein Appartement eingeladen, und ich eile mit Riesenschritten dorthin. Abt Otto empfängt mich herzlich. Zwischen uns hat die Chemie von Anfang an gepasst, damals, als wir uns vor sieben Jahren zum ersten Mal gesehen haben. Mein Blick schweift durch sein Wohnzimmer. Er zeigt mir die Sammlung von außergewöhnlichen Steinen und Mineralien, die er in einer Glasvitrine aufbewahrt. Seit meinem letzten Besuch ist diese Sammlung wieder um ein paar Kostbarkeiten reicher geworden. Abt Otto macht mich auf ein Arrangement von Steinen aufmerksam, ein kleines Kunstwerk, das er als Geschenk von einer Klosterschwester bekommen hat. Es zeigt das leere Grab am Tage der Auferstehung. Ich sehe mir genau die Höhle an, die das Grab Jesu darstellt. Dieses Bild löst in mir Bedrückung aus. Dann betrachte ich den großen Stein, der neben dem Eingang platziert ist und in diesem Bild als Symbol für die Auferstehung zu verstehen ist. Ja, der Herr ist auferstanden. Das ist es, was das Christentum ausmacht. Die Hoffnung, dass wir nach dem irdischen Leben noch etwas Großartiges erwarten dürfen.

Wir nehmen Platz. Der Abt sitzt mir gegenüber. Ich betrachte dieses gütige Gesicht und den langen weißen Bart, der irgendwie ein Symbol seiner Weisheit ist. Abt Otto geht schon auf den 80. Geburtstag zu. Er erfreut sich aber bester Gesundheit, und ich hoffe, dass ich mich noch oft mit ihm austauschen kann, um zu reifen, im Schatten einer Autorität, die Liebe zu den Menschen über alles stellt. Trotzdem nimmt er seinen Auftrag ernst, Menschen nicht nur zu begleiten, sondern tatsächlich zu führen.

Der Abt kann aber auch Feedback von anderen gut annehmen. Ich erzähle ihm von meinem Gespräch mit dem Manager Herrn M. und bitte den Abt, darauf zu achten, dass die Menschen mit dem, was in ihnen aufbricht, nicht zu sehr alleine gelassen werden. Es braucht mehr Begleitung und weniger Schweigen, meine ich. Der Abt ist sehr dankbar für diesen Hinweis.

Dann reden wir über meine Entwicklung in den letzten sieben Jahren. Von der ersten Begegnung mit Abt Otto und meiner Euphorie für die Benediktsregel. Der Abt sagt, dass er damals noch nicht gewusst habe, ob das Feuer, das ich gefangen hatte, nicht nur ein Strohfeuer sein würde. Er habe es schon oft erlebt, dass Menschen sich spontan von den Aussagen der Benediktsregel begeistern ließen, dann aber wieder in eine ganz andere Richtung gingen. Er ist gerührt darüber, dass dieses Feuer bei mir im Herzen und in der Seele geblieben ist. Er lobt mich dafür, dass ich nicht müde würde, diesen Weg weiterzugehen, und den Geist der Benediktiner stetig in die Wirtschaft trüge. An dieser Stelle muss ich schmunzeln. Wenn du wüsstest, lieber Vater Otto, wie müde ich bin, denke ich, und wie sehr es mich fordert, dieses Thema immer und immer wieder neu zu den Menschen zu tragen. Auf eine Art, bei der die Menschen einen Vorteil für sich und ihre Entwicklung erkennen und sich nicht dagegen sperren. Aber Gott fordert eben die Menschen, die sich für ihn einsetzen, das war schon immer so.

Dann erzähle ich ihm von meinem neuen Buchprojekt. Er ist sofort überzeugt davon, dass das Thema »Führen nach Gottes Vorbild« eine Weiterentwicklung für mich ist, und er findet auch, dass der Zeitraum dafür ein guter ist. »Lass dir Zeit«, meint er, »mach ruhig weiter in deiner Rolle als Coach von Führungskräften und Verkäufern. Dort bist du zu Hause, da wirst du gebraucht. Parallel dazu kann dein Thema dann wachsen: Lass dich führen von Gott.«

Diese Aussage des Abts stimmt mich fröhlich, ich habe das Gefühl, das mir plötzlich leichter wird. Wir sprechen über den Inhalt

des Buches. Ich erzähle ihm vom Kapitel »Bausteine göttlicher Führungsarbeit« und habe das Gefühl, dass ich auf dem richtigen Weg bin. »Ja«, sagt er, »Karl, da bist du auf der richtigen Spur. Als Erstes hast du die Liebe erwähnt, die Liebe ist das oberste Führungsprinzip Gottes.«
Wir stehen auf, Abt Otto segnet mich. Er legt seine Arme auf meine Schultern, ich schließe die Augen. Er spricht von den Anstrengungen, die ich auf mich nehme, um den Menschen mit der Benediktsregel einen Weg zu zeigen. Er meint, im Himmel werde mit großem Wohlwollen gewürdigt, dass ich diesen Auftrag angenommen hab. Er bittet den Vater im Himmel, mir weiter beizustehen … meine Tränen tropfen zu Boden, wir umarmen uns. Ich halte diesen kleinen riesengroßen Mann ganz fest. Draußen auf dem Gang bleibe ich noch am Fenster stehen und lasse den Tränen freien Lauf.

Der letzte Tag ist angebrochen. Mit dem Mittagessen wird das Seminar zu Ende gehen. Gestern am Abend hatten wir noch eine Aufgabe vom Pater bekommen: Wir sollten unsere aktuelle Lebenssituation darstellen. Jetzt habe ich Zeit dafür. Ich gehe in den Seminarraum, um Papier und Stifte zu holen. Wieder im Zimmer angekommen, lege ich den großen Bogen Papier einfach auf den Boden. Ich nehme das Paket mit den Malkreiden und beginne das Bild zu zeichnen. Es dauert nur ein paar Minuten, bis es fertig ist.
Ich kann zuerst nicht viel mit dieser Zeichnung anfangen und stelle mir die Frage, wer uns lenkt, wenn wir eine Zeichnung anfertigen. Welche Farben nehmen wir, warum gerade diese? Wie mischen wir die Farben auf dem Blatt, warum gerade so? In welche Richtung geht der erste Strich, warum nicht in eine andere? Wie formt sich alles zu einem Bild, zu gerade diesem Bild – es hätten doch auch ganz andere Varianten entstehen können? Ist es Gott, der den Pinsel führt? Ich für meinen Teil bin mir sicher,

dass er zumindest hilft, gerade dann, wenn ein Suchender ihn darum bittet zu helfen.

Als ich wieder zu Hause war, habe ich meiner zehnjährigen Tochter Valerie das Bild gezeigt, und sie ließ sich nicht lange um ihre Interpretation bitten. Sie erkannte »eine Blüte oder die Blätter von einer Blüte«. Sie sah »einen Samen, der schon kurz vor der Blüte steht, und wenn er herauskommt, wird sich neues Leben von einem Menschen entwickeln«. »Die Blume ist Zeichen für das Leben«, sagte sie. Außerdem sah sie ein Herz und eine Sonne im Herzen, »die man braucht, um den Samen herauszubringen, so wie man Mutter und Vater braucht, um ein Kind zu kriegen«.

Ich hörte ihr zu, war gerührt und dachte mir: Ja, wir müssen tatsächlich werden wie die Kinder, wenn wir etwas sehen wollen. Das Bild hängt nun in meinem Büro, an einem Regal hinter dem Bildschirm, genau in meinem Sichtfeld. Ich erkenne das Herz auch ganz deutlich, eingerahmt von orangefarbenen und roten Tönen. Das Innere des Herzens ist in zwei Hälften eingeteilt. Die rechte Hälfte bildet ein grünes Oval, zackig umrahmt von Lila. Für Valerie ist es der Samen, der aufgeht, für mich ist es mein berufliches Ich als Trainer mit der Benediktsregel. Die Farben Grün und Lila sind die Farben meines Firmenlogos »Sales Coaching by Benedict«. Gut, dieser Samen wird also weiter aufgehen.

In der linken Herzseite befindet sich ein großer gelbgoldener Fleck. Für Valerie ist es die Sonne, die man braucht, damit etwas aufgeht. Für mich ist es die neue Entwicklung »Führen nach Gottes Vorbild«, die aus dem Samen meines bisherigen Berufslebens aufgeht. Das Bild macht mich ruhig. Es zeigt mir, dass ich einer natürlichen Entwicklung zustrebe und dass beides in meinem Leben seinen Platz haben wird. Mit dem Thema »Führen nach Gottes Vorbild« will ich eine größere Zielgruppe erreichen, ein breites Publikum, nicht nur jene, die an der Wirtschaft interessiert sind. Ich will alle Führungskräfte erreichen, die ihre Führungsaufgabe als Auftrag Gottes erkennen wollen, wo immer diese Führungsprozesse auch stattfinden. Ich spreche natürlich damit auch weiterhin meine Kunden an, darüber hinaus möchte ich mit diesem Buch auch die Mutter, den Vater, den Lehrer erreichen und alle Menschen, die einen Führungsauftrag wahrnehmen.

Als ich anfing, mit der Benediktsregel zu arbeiten, hatte ich die Befürchtung, meine Kunden könnten damit, dass ich nun spirituelles Gut in meine Arbeit als Coach einfließen lasse, nichts anfangen. Ich machte mir Sorgen um meine Existenz und bekam auch von meiner Familie so manche Breitseite ab. Das Gegenteil war aber der Fall: Der Großteil der Kunden hat extrem positiv auf diese Entwicklung reagiert. »Führen nach Gottes Vorbild« ist aber noch einmal ein weiterer Schritt nach vorn, ein Hinauslehnen aus dem Fenster, ein Bekenntnis. Gehe ich damit zu weit? Überfordere ich damit meine Kunden? Diese Fragen haben mich in den letzten Monaten mit Sorge erfüllt. Wenn ich das Bild betrachte, habe ich nun das Gefühl, dass sich dieser Knoten aufgelöst hat. Beides wird nebeneinander Platz haben. Gott wird mich führen, und es wird gut werden.

Nach dem Mittagsgebet verabschiede ich mich von der Gruppe. Von jedem persönlich. Ich gehe nicht Mittag essen, begleite aber die Gruppe noch zum Speisesaal. Dort wartet Abt Otto, um sich von den Teilnehmern zu verabschieden. Er hält ein Kuvert in der Hand. Es ist für mich bestimmt. Ich finde darin eine Weihnachtsbotschaft mit ganz persönlichen Worten des Abtes. Ich umarme Abt Otto, fühle mich reich beschenkt und gehe durch das große Tor zum Parkplatz. Mensch, werde wesentlich. Dieses Seminar hat mich tatsächlich weitergebracht auf meinem Weg zu Gott.

Die Fahrt nach Hause erlebe ich nach einem Klosterbesuch

immer besonders intensiv. Der Mensch, der wegfährt, ist ein anderer als der, der angekommen ist. In diesen vier Tagen habe ich mehr an Entwicklung erfahren dürfen als in vielen Wochen außerhalb des Klosters, wenn es mir genauso wie anderen nicht erspart bleibt, mich über Gebühr anzustrengen, damit die Zahlungen zu leisten sind und die Familie gut versorgt ist. Im Kloster merke ich immer, wie wenig ich benötige, um glücklich zu sein. Ein gemütliches, ruhiges, sauberes und warmes Zimmer, Verpflegung, Gelegenheit zum Joggen und – vor allem – reichlich Gelegenheit, mich zu entwickeln. Ein geführtes Seminar ist dafür gut geeignet, weil man den Prozess, der bei einem selbst entsteht, auch mit den anderen Teilnehmern reflektieren kann. Die Einzelgespräche mit den Mönchen, die ich mir bisher immer organisiert habe, kommen natürlich mit großem Gewinn für mich hinzu. Ich finde dort Antworten auf Fragen, bekomme den Spiegel vorgehalten, kann Bibelstellen diskutieren, die ich bis dahin nicht ganz verstanden habe. Immer gibt es Erkenntnisse für mich, Weiterentwicklung, Wachstum und Reifung. Der Zeitfaktor spielt natürlich auch eine Rolle. Obwohl das Tagesprogramm mitunter ganz schön ambitioniert ist, hat man doch andererseits das Gefühl, dass die Zeit stehen bleibt. Die Uhr des Alltags hält einige Tage lang die Zeiger an, um dem Wesentlichen Zeit zu schenken.

Immer wenn ich dann zu Hause ankomme, muss ich mich erst wieder an den Lärm gewöhnen. Meine Kinder rufen laut durch das Haus, die Fernseher laufen, der Hund bellt. Als ich zum ersten Mal von einem Klosteraufenthalt zurückkam, waren meine Frau und meine Kinder interessiert zu erfahren, wie es denn gewesen sei. Je öfter ich aber ins Kloster reiste, desto selbstverständlicher wurden diese Auszeiten von meiner Familie aufgenommen und bald kaum mehr kommentiert. Der Vater war eben im Kloster, und jetzt ist er wieder da. Punkt.

Am frühen Abend begebe ich mich noch ins Büro, das sich in meinem Wohnhaus befindet. Ich checke die Mails und kann es kaum glauben, wie viele Nachrichten in wenigen Tagen ankommen. Gott sei Dank kann ich die meisten davon gleich wieder löschen.

Ich kann heute nicht mehr genau sagen, warum ich die vierte Lade unter meinem Schreibtisch aufmache. Ich ziehe die Lade ganz heraus, hinten im Eck sehe ich zwei Boxen, in denen sich wertvolle Stifte befinden. Ich nehme die untere Box heraus und öffne sie. Darin befindet sich eine Füllfeder, die mir meine Frau vor Jahren zu Weihnachten geschenkt hat. Mein Name ist in goldener Schrift auf dem schwarzen Untergrund eingraviert. Ich ziehe die Verschlusskappe ab, und dann sehe ich sie: die goldene Feder. Jahrelang hat sie unbeachtet in meinem Büro gelegen, ganz im hintersten Eck einer Schublade. Nun ist es also an der Zeit, sie in die Hand zu nehmen. Ich bin gerührt und bin mir sicher, dass ich eben von Gott die entscheidende Botschaft erhalten habe, mit dem Buch anzufangen.

3. Kapitel: Führen als Sinn des Lebens

Gott wird Führungskraft

Im Anfang war das Wort, und das Wort war bei Gott, und das Wort war Gott. Im Anfang war es bei Gott. Alles ist durch das Wort geworden, und ohne das Wort wurde nichts, was geworden ist. In ihm war das Leben, und das Leben war das Licht der Menschen. Und das Licht leuchtet in der Finsternis, und die Finsternis hat es nicht erfasst.« (Joh 1,1–18)

Die Frage, wie alles geworden ist, beschäftigt die Menschen seit ihrer Schöpfung. Während man vor gar nicht langer Zeit die Existenz Gottes nicht infrage stellte, sondern das eigene Leben als Geschenk eines großen Planers akzeptierte, ist es heutzutage in Mode gekommen, Gott zu leugnen. Der moderne Mensch ist gewohnt, an die Wissenschaft zu glauben, an das Handfeste, das nach den Gesetzen der Naturwissenschaft erklärt werden kann. Er ist bereit, die Tradition unserer Vorfahren über Bord zu werfen, und möchte selbst Schöpfer sein, nicht Geschöpf eines fernen Gottes, der sich nicht zeigt.

Aber zeigt sich Gott wirklich nicht, oder hat der moderne Mensch einfach verlernt, Gott zu suchen und Gott zu erkennen? Ist der Kosmos in seiner strengen Ordnung nicht ein klares Zeichen dafür, dass dahinter ein Plan stehen muss? Eine konkrete Idee, ein Wort, wie es im Johannesevangelium steht, das im Anfang war, ein Wort als Startsignal sozusagen, ohne das nichts geworden wäre? Oder kann aus nichts etwas werden, das wieder im Nichts endet? Warum gibt es den Menschen überhaupt, und ist der Mensch zu etwas Besserem bestimmt, als nur wieder zu Asche zu werden?

Vielleicht ist es gut, auf der Suche nach Gott bei Jesus von

Nazareth anzufangen. Jenem Galiläer, der mitten unter den Menschen gelebt hat. Kein ferner Gott, nein, ein angreifbarer, ein Mensch, der Wunder wirken konnte und von den Toten auferstanden ist. Können wir heute daran glauben? Für mich gelten die Berichte der Menschen über das Sterben und die Auferstehung Jesu, wie wir sie in den Evangelien und der Apostelgeschichte nachlesen können. Viele von ihnen sind als Märtyrer gestorben, weil sie Zeugnis davon gaben, dass die Lebensgeschichte des Jesus von Nazareth sich tatsächlich so abgespielt hat, wie es in der Heiligen Schrift geschrieben steht. Gibt man sein Leben einfach so hin, oder muss man sich einer Sache nicht sehr sicher sein, dass man bereit ist, dafür in den Tod zu gehen?

Es scheint also tatsächlich so zu sein, dass Gott uns seinen Sohn geschickt hat, damit wir glauben lernen. Wer an Jesus glaubt, der glaubt dann wohl auch an Gott und stellt den Schöpfer nicht infrage, sondern geht der Frage nach, wie sich Gott diese Welt gedacht hat. Und er fragt sich wohl auch, warum es Menschen gibt und was Gott mit uns vorhat.

Im Anfang war also das Wort, und am Anfang muss wohl auch eine große Sehnsucht Gottes gewesen sein, etwas Großes zu schaffen. Wunderschön sollte es werden und von Lebendigkeit erfüllt. Materie war als Grundlage gedacht, schön geformt, in klaren Strukturen. Aber auch Lebewesen wollte er schaffen, einfache Formen zuerst und schließlich den Menschen als Bezugsperson, den er lieben und führen konnte. Wenn das so gewesen ist, dann haben wir die Erschaffung des Menschen der göttlichen Sehnsucht zu verdanken, Wesen zu lieben, die ihm ähnlich sind und in der Lage sind, in eine Liebesbeziehung mit ihm einzutreten. Es scheint so, als sehnte er sich danach, diese Menschen mit Talenten und Fähigkeiten auszustatten. Dann war er wohl gespannt darauf, zu erkennen, was werden kann, wenn er sich mit seinen Menschen beschäftigt, Entwicklungsprozesse einleitet, fördert und fordert. Demnach gibt es den Menschen, weil Gott sich danach sehnte, das Lebendige zu führen.

Es hat wohl von Anfang an eine klare Vision des Schöpfers gegeben, ein Leitbild, das er Schritt für Schritt umsetzte. Gott geht geordnet vor. In der Schöpfungsgeschichte, dem ersten Buch Mose, lesen wir, dass er die Erde in sechs Tagen erschuf. An jedem Tag nahm er sich einen anderen Baustein vor, bevor das Werk am sechsten Tag in seiner Gesamtheit vollendet war. Am siebenten Tag ruhte er. Dieser Tag sollte später für die Menschen ein besonderer Tag sein, der arbeitsfrei war und den Menschen daran erinnerte, dass das Leben nicht nur aus Arbeit besteht. Der siebente Tag war dafür geschaffen, dass sich der Mensch bewusst Zeit nimmt für den Austausch mit Gott, aber auch für die Familie.

Wenn Gottes Werk ein Unternehmen wäre, dann könnte man es wohl als eine Entwicklungsagentur bezeichnen. Das oberste Ziel der Entwicklung ist anscheinend, die Liebe zum Reifen zu bringen und sie als Grundlage allen Handelns in den Menschen zu festigen. Wenn man die Bibel genau studiert, dann erkennt man, dass Gott sehen möchte, wie seine Menschen wachsen. In der Liebe zueinander, aber auch in den Werken, die sie vollbringen. Er hat jeden von uns mit besonderen Talenten ausgestattet und wünscht sich, dass wir daran arbeiten, sie zu entfalten, und in unseren Werken zum Reifen und Wachsen der Gesellschaft beitragen. Jeder von uns soll seinen Beitrag leisten zur Erfüllung des großen Planes, dass sich die Liebe überall ausbreite und zur Maxime des Handelns werde.

In der Schöpfungsgeschichte der Bibel lesen wir, wie die ersten Menschen entstanden sind. Gott ging daran, aus dem Erdboden den Menschen zu formen, ein Geschöpf, das ihm fast gleich war. Zuerst war Adam. In einem Akt tiefer Liebe blies er ihm den Hauch des Lebens ein. Gott fand es nicht gut, dass Adam alleine war, und ließ aus einer Rippe Adams Eva entstehen, seine Frau. Das erste Paar der Menschheitsgeschichte war geboren. Gott gab sich seinen ersten Menschen als Schöpfer und Führungskraft zu erkennen. Er sprach sie an, er stellte Regeln auf und forderte die Menschen auf, sie einzuhalten. Damit begann der Führungsprozess zwischen Gott und den Menschen, der nun schon seit vielen Jahrhunderten andauert. Es gab Höhen und Tiefen in diesem Prozess des Miteinanders. Die Menschen erlebten Gott als zutiefst liebenden Gott, aber auch als strafenden Gott, wenn sie sich gegen seine Gebote und Verbote auflehnten. Gott hat sein Führungsverhalten und dessen Auswirkungen immer wieder kritisch reflektiert. Er zeigt sich als lernender Gott, der sich mit den Menschen auseinandersetzt. Er hat ihnen den freien Willen mitgegeben, deswegen läuft nicht alles konfliktfrei ab in der Beziehung Gottes zu den Menschen. Es sieht so aus, als wäre Gott selbst nicht davon ausgenommen, als Führungskraft mit seinen Geschöpfen durch einen Entwicklungsprozess zu gehen, der nie ganz geradeaus verläuft.

Der Führungsprozess entsteht
Die erste Phase der Führungsbeziehung zwischen Gott und den Menschen war von einer tiefen Krise gekennzeichnet. Gott verbot den ersten Menschen im Paradies, vom Baum der Erkenntnis zu essen. Eine Zeit lang hielten sie sich an dieses Verbot, doch irgendwann war die Verlockung dann wohl so groß, dass sie von den wunderbar aussehenden Früchten aßen. Adam überkam sofort ein schlechtes Gewissen, und er versteckte sich hinter einem Baum, damit Gott ihn nicht finden würde. Gott fand ihn aber, und nach einer Aussprache mit ihm und seiner Frau Eva sprach Gott die Strafe aus, eine auf den ersten Blick drakonische Strafe: Der Mensch war von da an sterblich und

musste sich sein Brot im Schweiße seines Angesichts verdienen. Man könnte die Strafe als unverhältnismäßig bezeichnen für eine Verfehlung, die ja nur darin bestand, dass der Mensch von den verbotenen Früchten aß. Wir dürfen dieses beschriebene Beispiel nicht zu wörtlich nehmen, wohl aber die Aussage, die sich dahinter verbirgt: Der Mensch lehnt sich zum ersten Mal gegen seinen Schöpfergott auf, er bricht die Regeln, und Gott straft ihn damit, dass er ihn fort aus seinen Augen schickt. Damit wird der Mensch aber auch aus der Beziehung der Einheit zu Gott entlassen, eine unmittelbare Einheit, die ein Zustand des Glückes ist, aber auch ein Zustand, in dem keine Entwicklung möglich ist.

Durch seine Vertreibung aus dem Paradies beginnt für den Menschen das eigentliche Leben. Nun kann er sich selbst erkennen, kann zwischen Gut und Böse unterscheiden und hat den Willen mitbekommen, zu tun und zu lassen, was er für richtig hält. Dass der Mensch das erste Verbot überschritt, hatte also eine äußerst positive Auswirkung auf die Entwicklung des Führungsprozesses Gottes mit den Menschen. Vorher ging es nur darum, dem Menschen eine Umwelt zur Verfügung zu stellen und ihn zu begleiten. Mit dem ersten »Nein« des Menschen wurde Gott dazu genötigt, in einen echten Führungsprozess einzusteigen, der spannend ist, der fordert, fördert und entwickelt, ein Prozess, der in seinem Ausgang offen ist. Damit war Gott nun aufgefordert, um uns zu werben, uns immer wieder anzusprechen, um Menschen für bestimmte Aufgaben in seinem großen Reich zu gewinnen. Und das tut er noch bis heute. Der freie Wille des Menschen bleibt, wir können auch Nein sagen. Aber wer Ja sagt, den lädt Gott sofort auf eine Beziehung ein und in einen Führungsprozess, der tiefe Einsichten und echte Entwicklungsprozesse ermöglicht.

Die Entwicklung der Führungsbeziehung zwischen Gott und dem Menschen hat sich seit jener Zeit unzählige Male in den

Familien der Menschen wiederholt. Wenn ein Paar ein Kind bekommt, dann gibt es für die Eltern wohl nichts Schöneres, als im Glück mit dem kleinen Wesen zu verharren, das ihnen gerade erst geschenkt worden ist. Dieser Zustand kann aber nicht ewig dauern. Irgendwann muss der kleine Mensch wieder losgelassen werden, damit er selbst Mensch werden kann, in einem Entwicklungsprozess, der von den Eltern geführt wird. Insofern ist die Vertreibung aus dem Paradies ein Prozess, der das eigentliche Leben, das auf Entwicklung hin orientiert ist, erst ermöglicht. Gott lässt also los. Er ist bereit, diesen Trennungsschmerz anzunehmen und sich auf einen Führungsprozess mit Konflikten, und einem ungewissen Ausgang, einzulassen. Damit erst wird Gott vom Begleiter seiner Menschen zu ihrer Führungskraft. Die Führungskraft Gott lässt uns los, damit wir Menschen werden können, und er ist bereit, dieses Werden in einem intensiven Führungsprozess zu begleiten, wenn wir uns darauf einlassen.

Gott verspricht uns aber auch, dass der Zustand in der völligen Einheit mit ihm wiederhergestellt werden wird, wenn unser irdisches Leben zu Ende ist. Die Endlichkeit des Lebens ist also der Preis dafür, dass wir uns entwickeln dürfen. Und der Tod ist ja nicht das Ende, sondern der Anfang einer neuen Beziehung mit Gott, die dann in einer tiefen Einheit stattfinden kann, zwischen Gott und einem Menschen, der aus der Einheit mit Gott in einen Entwicklungsprozess fortgeschickt wurde und als gereifter Mensch wieder zu ihm zurückkehren kann. So ist der Tod kein Schreckgespenst, sondern ein Freund, der uns heimführt. Wenn wir Hinterbliebenen im tiefsten Schmerz trauern, dann deswegen, weil dieser Mensch für uns nicht mehr verfügbar ist und wir damit umgehen müssen, dass ein gewohntes Beziehungsnetz, in dem dieser Mensch einen bestimmten Platz hatte, in der Form nie mehr existieren wird. Ein Mensch ist uns geschenkt und auch wieder genommen worden. Der Trost, den uns Gott anbietet, ist, dass der Verstorbene sich nun wieder in der tiefen Einheit mit Gott befindet, wo kein Schmerz mehr ist, keine Mühen und Plagen, nur noch die Liebe.

Wie Gott führt
In Gottes Führungsprozessen gibt es also demnach den Samen, der aufgeht, genauso wie Rückschläge und Konflikte. Eines ist aber gewiss: Gott kann eine Führungserfahrung von Jahrtausenden aufweisen, wie wir in der Bibel lesen können. Es kann also nicht ganz verkehrt sein, wenn eine Führungskraft der heutigen Zeit auf diesen Erfahrungsschatz zurückgreift und der Frage nachgeht, wie Gott führt. Wer sich ernsthaft mit dieser Frage auseinandersetzt, der erkennt schnell, dass es keine Schule der Führung gibt, die tiefgründiger und wirksamer ist als jenes Beispiel, das uns Gott zur Verfügung stellt. Wer sich dafür öffnet, dem wird ein praktischer Ansatz offenbart, wie Führung gelingen kann. Ein Ansatz, der den Menschen in den Mittelpunkt stellt, eine Haltung, die begleitet, fördert und fordert, lobt und tadelt. Es ist ein aufregender Prozess, Gott als Führungskraft anzuerkennen, sein Handeln zu beobachten und die Auswirkungen bewusst zu empfinden, die dieser göttliche Führungsansatz in einem selbst auslöst. Dann ist es nur noch ein kleiner Schritt dahin, Führungsprozesse mit Menschen, die uns anvertraut sind, nach diesem Vorbild zu gestalten.

Gott führt also die, die sich öffnen, durch das irdische Leben. Er bewegt, er fordert, er fördert, er zeigt Wege, er verteilt Aufgaben und hilft bei der Umsetzung. Er schafft Lernsituationen, schickt Wegweiser, öffnet neue Horizonte, fördert Entwicklung. Er lobt und er tadelt und, vor allem, er liebt. Bedingungslos, auch die, die sich in diesem Leben so gar nicht für ihn öffnen wollen. Er führt uns mit der Aussicht auf das ewige

Leben und verspricht uns einen Zustand des ewigen Friedens und des Glücks.

Am Anfang war also wohl die Sehnsucht Gottes, zu lieben und zu führen. Eine große Sehnsucht, die sich in einem großen Werk widerspiegelt, einem unendlich großen, perfekt geplanten Kosmos und einem kleinen Planeten, den Gott dazu auserwählt hat, Leben zu entwickeln. Schließlich schuf er den Menschen, ein Abbild seiner Größe. Ein Wesen mit Geist und Emotionen, damit es in der Lage ist, zu erkennen und zu lieben. Von nun an konnte Gott das Lebendige lieben und führen. Seine Erfahrungen dabei wollen wir uns zum Vorbild machen, um herauszufinden, wie Führen funktioniert, damit die Menschen, die uns anvertraut sind, ein gelingendes Leben erlangen können.

Der Mensch wird Führungskraft

Wien, im März 1992

Wahrscheinlich gibt es nichts im Leben, was schöner ist und mehr Emotionen auslöst, als bei der Geburt seines eigenen Kindes dabei zu sein. Noch dazu, wenn es das erste ist. Die Schwangerschaft war ohne Probleme verlaufen. Ich bewunderte den Bauch meiner Frau, der an Umfang stetig zunahm, und freute mich umso mehr auf unser erstes Kind, je näher der Geburtstermin rückte.

Wir waren gut vorbereitet. In unserer kleinen Wohnung in Wien stand schon ein Schrank, vollgeräumt mit Gegenständen, die wir in der ersten Lebensphase des Kindes benötigen würden. Es war an alles gedacht – von der Babybadewanne bis zu einer Ansammlung von Schnullern, Kleidung in allen Varianten und Farben, Artikel zur Babypflege und Babyspielzeug.

Wir besuchten den Geburtsvorbereitungskurs gemeinsam mit

anderen Paaren, lernten Atemtechniken und Massageübungen, mit denen wir Männer die Partnerin bei der Geburt unterstützen sollten. Die Wochenenden verbrachten meine Frau und ich in großen Kaufhäusern, es gab ja immer noch einiges zu besorgen, vor allem der Kauf des Babywagens stand noch aus. Ich hätte nicht gedacht, dass es so viele Geschäfte gibt, die solche Gefährte führen, und wäre auch nicht im Traum darauf gekommen, dass es sie in so vielen Ausstattungsvarianten und Farben gab. Auch nach einem langen Kaufhausbummel konnte sich meine Frau für keines der vorgestellten Modelle entscheiden, und ich ahnte schon, dass ich auch die nächsten Wochenenden wieder beim Shopping verbringen würde. Und so kam es dann auch. Wochen später entschieden wir uns dann für ein Modell, das wir schon bei der ersten Shoppingtour im allerersten Geschäft gesehen hatten. Meiner Frau ging es also anscheinend nicht alleine um den Kauf eines passenden Babywagens, sie wollte prüfen, ob ihr Mann ein ordentliches Maß an Interesse an den Tag legte und bereit war, mit ihr gemeinsam durch die Läden zu ziehen. Die Nähe war es wohl, die meine schwangere Frau dabei suchte, und sie fand sie auch.

Im Geburtsvorbereitungskurs wurde uns erzählt, dass die erste Geburt einer Frau sehr lange dauern könne, und das traf in unserem Fall auch zu. Wir gingen also die Gänge im Sanatorium auf und ab, zehnmal, hundertmal, die Zeit schien stehen zu bleiben. Endlich war es dann so weit. Unser Sohn erblickte das Licht der Welt. Es war ein Augenblick, den man nicht in Worte fassen und jemandem, der das nicht selbst erlebt hat, nicht verständlich machen kann. Mich erfüllte eine unendlich große Dankbarkeit, die sich an meine Frau richtete, aber auch an die Schöpfung. Ich fühlte mich von jener Urkraft gepackt, die den Sinn des Lebens schon vor so langer Zeit in der Weitergabe von Leben und der Führung und Entwicklung der anvertrauten Menschen festgelegt hatte.

Die Geburt war glatt verlaufen, unser Lukas war gesund und quicklebendig. Ein paar Minuten war ich mit ihm alleine, nahm ihn auf, liebkoste ihn und fühlte, dass eine tiefe Beziehung zwischen zwei Menschen entstand.

Spät am Abend kehrte wieder Ruhe ein. Meine Frau lag auf ihrem Zimmer, unser Sohn schlief im Babybettchen. Ich verabschiedete mich von meiner Frau und machte mich auf den Weg nach Hause.

Zunächst ging ich aber noch in die Cafeteria des Sanatoriums. Die Rollläden an der Theke waren schon heruntergelassen, der Kaffeeautomat in der Ecke war aber noch eingeschaltet. So nahm ich mir einen doppelten Espresso und ging die Stufen hinunter vor die Eingangstüre. Da stand ich nun und blickte den Mond an, der an diesem Tag zur Hälfte sichtbar war und hell über der Stadt strahlte. Jetzt war ich allein mit meinen Gefühlen. Zur Euphorie mischte sich zunehmend auch ein Gefühl von Sorge. Damals hatte ich überhaupt keine Erklärung dafür. Ja, ich spürte schon, dass ich ab sofort Verantwortung für eine Familie tragen würde, und sorgte mich, ob ich das dafür nötige Geld verdienen würde. Aber der eigentliche Beweggrund für die Sorge wollte mir damals noch nicht klar werden und ging mir erst viel später in meinem Leben auf, als ich begann, mich mit Führungsprozessen zu beschäftigen.

Heute weiß ich, was der Grund meiner Anspannung gewesen war. Ich war plötzlich Führungskraft geworden, und das würde ich von nun an ständig und ein ganzes Leben lang sein. Führungskraft. Da war nun ein kleines Menschlein, das von sich aus noch gar nichts konnte. Alles musste für das Baby organisiert werden, damit es gedeihen konnte. Nahrung, Kleidung, Pflege, aber natürlich auch Zuwendung und Liebkosung. Ab sofort war ich Vorbild. In Gegenwart meines Sohnes konnte ich nichts mehr tun, was keine Auswirkung auf ihn haben würde. Kinder lernen durch Nachahmung. Jede Handlung von mir hatte ab sofort eine Auswirkung als Impuls für das Leben eines anderen.

Wer in einen Führungsprozess eintritt, der ist aufgefordert, sich Gedanken darüber zu machen, wie er seine Aufgabe angehen will. Es gilt, einen Weg zu finden mitten in den Spannungsfeldern von Regeln und Normen, Fördern und Entwickeln, Liebe und Strenge, Behüten und Loslassen, Loben und Tadeln. Wenn ich mich heute in jene Situation damals auf dem Gehsteig vor dem Sanatorium hineinversetze, dann spüre ich, dass es genau jene Fragen waren, die mich beschäftigten. Damals erschienen diese Themen aber noch verschlüsselt vor meinem geistigen Auge, ich hatte wohl schon das Gefühl, aber noch nicht die Erkenntnis.

Plötzlich Führungskraft. Wie oft passiert das Menschen überall auf der Welt, jeden Tag, in allen möglichen Zusammenhängen. Egal, ob sich die Führungssituation im Elternhaus, in der Schule oder in der Wirtschaft abspielt. Plötzlich sind wir Führungskraft, ohne dass uns jemand gesagt hätte, was dabei auf uns zukommt und wie wir am besten damit umgehen sollen. Führen lernt man eben nicht, und Führen nach dem Vorbild Gottes schon gar nicht, in einer Zeit, die tradierte Werte als Grundlage jeder Führungsarbeit über Bord geworfen hat. Woher bekommen wir Hilfe in dieser ausweglosen Situation? Natürlich von Gott, woher sonst? Jenem Gott, der die Menschen erschaffen hat und sie über Jahrtausende geführt hat. Der in uns die Führungsfähigkeit angelegt hat und nur darauf wartet, dass wir mit ihm darüber reden wollen, wie wir solche Herausforderungen am besten angehen. Jener Gott, der uns Menschen schickt, die uns den Weg zeigen, der direkt in das Leben eingreift, der uns Regeln und Normen gegeben hat, die die Grundlagen eines gelingenden Lebens sein können. Jener Gott, der uns nie alleine lässt, auch nicht in der Situation, wenn wir eine Führungsaufgabe übernehmen. Wenn wir an einer bestimmten Stelle unseres Lebens für eine Führungsfunktion vorgesehen sind, dann ist diese Aufgabe Teil des Plans, den Gott mit uns vorhat, Teil des Auftrags, den er uns gibt. Er gibt uns die Kraft und die Weisheit, damit umzugehen, wir müssen nur selbst auf die Idee kommen, uns mit ihm darüber auseinanderzusetzen. Damals bin ich das noch nicht, heute wäre das für mich der erste Schritt, den ich gehen würde.

Führen, wie geht das?

Am Anfang eines gelingenden Führungsprozesses steht die bewusste Entscheidung der Führungskraft, sich auf ihn einzulassen. Ob es um die eigenen Kinder geht, die Schüler in der Klasse oder die Mitarbeiter, die einem anvertraut werden: Ab dem Zeitpunkt, an dem wir in die Führungsfunktion eintreten, gilt, dass es nun Menschen gibt, die – bewusst oder unbewusst – auf uns setzen, mit der Erwartung und dem Anspruch, sich unter unserer Führung zu entwickeln. Diese Entwicklung geht natürlich nicht so nebenbei. Sie fordert den konkreten Einsatz dafür von einem Menschen, der nicht müde wird, diesen Prozess einzuleiten und zur Reife zu bringen. Sie erfordert aber natürlich auch die Bereitschaft der Geführten, sich aktiv auf diesen Prozess einzulassen. An der Stelle ist dann wiederum die Führungskraft gefordert, den Menschen die Vorteile von Lernen und Entwicklung zu zeigen und erlebbar zu machen, sofern sie selbst noch nicht reif für diese Erkenntnis sind.

Einmal angefangen, ist Führen ein kontinuierlicher Prozess, der nie zu Ende ist. Man kommt sich als Führungskraft oft vor wie einer der Darsteller im Zirkus, die den sich drehenden Tellern auf den Stäben immer wieder von neuem Fahrt geben müssen, damit sie nicht hinunterfallen. Wenn man sich mit einem Pubertierenden darauf geeinigt hat, dass die Pizzareste auf dem Teller unterm Bett nichts verloren haben, dann dauert es sicher noch einige Zeit, bis die Reste entsorgt werden und der Teller im Geschirrspüler landet. Und wenn man mit Mitarbeitern eine Handlung vereinbart hat, die die Ausführung ihres Jobs erleichtert und professionalisiert, dann dauert es ebenso noch eine Zeit lang, bis diese Handlung in Fleisch und Blut übergeht und automatisiert eingesetzt wird.

Natürlich kann man sich fragen, warum Menschen sich nicht von alleine entwickeln, wo sie doch selbst einen Handlungsdruck erkennen, wenn sie in der Entwicklung feststecken. Aber so ist das eben. Es gibt so etwas wie den inneren Schweinehund, der sich nur zu gerne meldet und Bequemlichkeit einfordert oder das Verharren in bestimmten Mustern fordert, auch wenn sie den Menschen nicht weiterbringen. Entwicklung ist also anscheinend immer davon abhängig, ob sich jemand die Mühe macht, einen Führungsprozess anzugehen, der eine Entwicklung in Aussicht stellt, für die es sich anzustrengen lohnt.

Bevor geführt werden kann, ist die Frage zu klären, wohin geführt werden soll, und dabei spielt das Weltbild der Führungskraft als Grundlage allen Handelns eine große Rolle. Für mich ist es das christliche Weltbild, das mich antreibt, und das göttliche Vorbild, dem ich gerne nacheifere und das die Maxime meines Handelns bestimmt. Ich weiß, dass mich der Schöpfer einmal fragen wird, was ich denn mit den Menschen gemacht habe, die er mir zur Führung anvertraut hat. Und dann möchte ich sagen können, dass ich mich bemüht habe und mich der Menschen angenommen habe, mit allen Fehlern, die mir dabei unterlaufen sind. Niemand soll von sich glauben, dass er vollkommen ist, als Führungskraft schon gar nicht. Das Wahrnehmen einer Führungsfunktion erfordert einen ständigen Entwicklungsprozess, den eigenen wie den gemeinsamen mit den anvertrauten Menschen. Dabei wird es immer wieder Sackgassen und Irrwege geben, das Ziel darf aber nie aus den

Augen verloren werden und die Bereitschaft, sich dafür einzusetzen. Anderseits sollte man als Führungskraft aber auch nicht zu viel von sich selbst erwarten und ständig einer Verbesserung der eigenen Führungsqualität hinterherlaufen. So etwas macht müde und verkrampft den Alltag in den Führungsprozessen. Es reicht, bewusst mit dem Führen anzufangen und sich einzulassen. Den Rest gibt Gott dazu, wenn wir mit ihm in Kontakt treten und schwierige Führungssituationen besprechen.

Führungsprozesse gelingen immer dann gut, wenn man ein System in seinen Strukturen, Abläufen und Handlungen ordnet und sich über den Sinn und den Vorteil dieser Ordnung das Einverständnis der zu Führenden abholt. In Arbeitsteams kann man sich diese Ordnung als Grundlage allen Handelns mit den Mitarbeitern gemeinsam erarbeiten. In der Familie ist es sinnvoll, sich mit seinem Partner darüber zu verständigen, bevor die Kinder da sind, damit sie am Beginn ihres Lebens das vorfinden, was das Wichtigste für einen gelingenden Start ist: eine Struktur und einen Plan, jemand, der Regeln aufstellt und einhält und von den Kindern einfordert zu lernen, damit umzugehen. Wenn dann die Ordnung in einem System eingeführt ist, dann hat die Führungskraft als Hüterin der Ordnung dafür zu sorgen, dass sich alle am System Beteiligten daran orientieren. Die Führungskraft hat aber auch die Aufgabe, aufgestellte Regeln immer wieder auf ihren Sinn zu überprüfen und gegebenenfalls eine Veränderung einzuleiten, wenn sich einzelne Regeln nicht bewähren. Die Ordnung als Gesamtkonstrukt darf dadurch aber nicht infrage gestellt werden.

Eines steht aber noch über der Ordnung, und das ist die Liebe zu den Menschen, die uns anvertraut sind. Aus der Liebe heraus schaffen wir ja gerade die Ordnung, damit die Menschen ein Umfeld vorfinden, in dem sie sich auskennen und entwickeln können. Die Ordnung ist also für den Menschen da und nicht umgekehrt. So müssen Ausnahmen von einer bestimmten Regel aus Liebe zu einem Menschen immer wieder zugelassen werden, wenn das die Situation, in der sich dieser Mensch gerade befindet, notwendig macht. Die Ordnung insgesamt als Konstrukt, das allen am System Beteiligten eine Richtung gibt, bleibt davon aber unberührt.

Führen ist ein ständiger Prozess, der uns fordert, jeden Tag von Neuem. Am meisten kann man deswegen über Führung in einem System lernen, das über einen längeren Zeitraum existiert. Und da ist natürlich als Erstes die Familie zu erwähnen. Kindern kann man nicht kündigen, die hat man ein Leben lang. Die Führungsprozesse mit den Kindern gestalten sich daher besonders intensiv und oft auch kräfteraubend, durch alle Lebensphasen hindurch. Die Trotzphase und die Pubertät stellen dabei eine besonders große Herausforderung an die Eltern dar. Wer sich aber darauf einlässt, der geht durch einen harten, jedoch äußerst lehrreichen Entwicklungsprozess als Führungskraft.

Wer führen will, muss bereit sein, Spannungen auszuhalten. Die Entwicklung einer Führungsbeziehung verläuft immer in Phasen, die für die Führungskraft unterschiedlich herausfordernd sind. Alle Phasen müssen durchlebt werden, damit ein Führungsprozess gelingen kann. Am Beginn steht die Abhängigkeit. Das Kind ist noch nicht selbst lebensfähig, und seine Überlebensfähigkeit hängt davon ab, dass die Eltern alles organisieren, was es zum Leben braucht. Diese Phase der Entwicklung ist von Harmonie und einem liebevollen Miteinander gekennzeichnet. Irgendwann wird es dann aber Zeit für das Kind, sich aus diesem allumfassenden Schutz herauszulösen, will es sich zu einem selbständigen Menschen entwickeln. Die Trotzphase ist angesagt und später die Pubertät – konflikthafte Phasen in der Führungsbeziehung, die intensiv erlebt und begleitet werden müssen, wenn sich da ein Mensch entwickeln soll, der irgendwann einmal auf eigenen Beinen steht. Wenn man das Kind in dieser Entwicklung gut begleitet hat, dann winkt später als Belohnung die Kooperationsphase. Zwei Erwachsene begegnen sich dann auf einer Ebene. Bei der Führung von Mitarbeitern laufen diese Entwicklungsphasen ganz ähnlich ab. Ein langgedienter Verkäufer im Außendienst ist natürlich anders zu führen als einer, der gerade erst in diesem Beruf angefangen hat.

Wenn in einem Führungsprozess gemeinsame Ziele und Entwicklungsschritte und daraus abgeleitete Handlungen festgelegt sind, dann muss jemand da sein, der den Fortschritt der Umsetzung begleitet und kontrolliert. Die Kontrolle, ob Vereinbarungen in der abgemachten Form umgesetzt worden sind, ist eine zentrale Aufgabe der Führungskraft. Oft wird der Führungsprozess in dieser Phase nicht sauber weitergeführt, weil es Mut und emotionalen Aufwand braucht, jemandem zu sagen, dass er sich nicht an Vereinbarungen gehalten hat. Wenn Vereinbarungen nicht umgesetzt werden, darf man als Führungskraft nicht darüber hinwegsehen. Denn Verlässlichkeit ist einer der zentralen Punkte, die ein Geführter im Führungsprozess lernen muss. Konkrete Vereinbarungen sind gerade auch in der Kindererziehung sehr wichtig. Wenn ein Kind nur »weniger« fernsehen soll, dann ist das eine unklare Ansage, die niemandem weh tut, weil die Kontrollmechanismen fehlen. Wenn das Kind an Wochentagen aber nur »eine halbe Stunde« fernsehen darf, dann ist damit ein Zeitraum definiert. Die Eltern sind an dieser Stelle aufgefordert, gemeinsam mit dem Kind eine passende Sendung auszuwählen, die in den Zeitrahmen passt.

Führung passiert aber nicht nur in definierten Systemen, in denen es Führungskräfte und Geführte gibt. Führen ist eine Anforderung an alle, selbst wenn sie keine eigenen Kinder haben und auch keine Mitarbeiter führen. Führen ist Alltagsarbeit. Wer bewusst nicht bei Rot über die Ampel geht, selbst wenn weit und breit kein Auto zu sehen ist, der führt. Und wer auf eine schnippische Aussage einer Verkäuferin eine ruhige passende Entgegnung parat hat, der führt. Wir sind selten unbeobachtet. Irgendjemand ist immer um uns und nimmt unser Verhalten zumindest unbewusst auf. In den Alltagssituationen passiert Führen also vor allem, indem wir Vorbild sind, im Positiven wie im Negativen.

Menschen zu führen ist eine große Aufgabe, die Gott uns anvertraut hat. Der bewusste Umgang mit der Rolle als Führungskraft ist die Voraussetzung dafür, dass wir Führungsprozesse einleiten, die diesen Namen verdienen. Die konkrete Führungsarbeit basiert auf einem Leitbild, wohin geführt werden soll, und konkreten Schritten, die dafür notwendig sind. Der Führungsprozess ist praktisch nie abgeschlossen. Er bedarf einer ständigen Begleitung und Entwicklung. Der Lohn für diese intensive Arbeit besteht darin zu sehen, wie sich Menschen entwickeln, und den eigenen Beitrag zu erkennen, den man dazu geleistet hat. Die Führungsrolle bleibt die größte Herausforderung, der wir uns im Leben stellen können, und zugleich auch die wichtigste, wenn wir unseren Beitrag zur Entwicklung des Hauses Gottes leisten wollen.

Führen als Sinn des Lebens

»Der Herr ist mein Hirte, nichts wird mir fehlen. Er lässt mich lagern auf grünen Auen und führt mich zum Ruheplatz am Wasser. Er stillt mein Verlangen; er leitet mich auf rechten Pfaden, treu seinem Namen. (Ps 23, 1–3)

Gott will von uns, dass wir losgehen, Herausforderungen suchen und uns entwickeln. Er bietet sich als Führungskraft an, die uns lenkt und leitet, und erwartet von uns, dass wir als Hirten den Menschen, die er uns anvertraut, einen Weg zeigen.

Aufbrechen hat immer mit dem Verlassen einer gewohnten Umgebung zu tun, in der wir uns auskennen und uns wohlfühlen. Ein Umfeld, das zum Verweilen einlädt – ein Umfeld aber auch, das uns leicht bequem und träge machen kann und uns ausruhen lässt, anstatt uns weiterzubringen. Lernen ist immer mit Überwindung verbunden. Es muss aber gelernt werden, was zu lernen ist, und es muss geführt werden, wo zu führen ist. Wer das nicht tut, ist ungehorsam im biblischen Sinne, weil er nicht nach dem Willen seines Schöpfers fragt, sondern sich von der eigenen Bequemlichkeit leiten lässt.

Jeder Mensch hat ein Recht auf Führung. Menschen sind von Gott nicht so angelegt, dass sie sich von selbst entwickeln. Sie brauchen dafür eine Führungskraft, die sich ihrer annimmt und sich für die Reifung verantwortlich fühlt. Gott selbst gibt uns ein Beispiel dafür. Er nimmt uns an, er will uns einen Weg zeigen, er klopft immer wieder bei uns an, er bildet uns als Führungskraft aus. *»Ich unterweise dich und zeige dir den Weg, den du gehen sollst. Ich will dir raten, über dir wacht mein Auge.«* (Ps 32,8) Er traut uns zu, andere Menschen zu führen. Er legt uns Kinder in die Wiege, er stellt uns als Lehrer vor Schulklassen, er vertraut uns Mitarbeiter in der Wirtschaft an. In seinem Auftrag sollen wir diese Menschen unterweisen und ihnen einen Weg zeigen, der sie in einen Prozess der Reifung und Entwicklung führt. Einen Werdegang, der sie bereit dafür macht, den Ruf Gottes zu hören und den für sie bestimmten Auftrag zu erkennen und zu erfüllen. Der Sinn des Lebens besteht also darin, selbst zu reifen und andere zur Reifung zu bringen, Fähigkeiten zu erwerben und zu vermitteln, damit Gott einen konkreten Menschen für einen bestimmten Auftrag im Rahmen seines Planes einsetzen kann.

Geht Führen auch ohne Gott? Kann ein ungläubiger Mensch denn führen? Führung hat immer mit Demut zu tun und dem Wissen, dass es etwas Größeres gibt als das, was man selbst ist.

Und was soll dieses Größere sein, wenn nicht der, der die Welt erschaffen hat? Oder gibt es auch dazu eine Alternative? Hat die Welt sich selbst erschaffen? Ist aus nichts alles geworden? Nicht einmal ein Kreidestrich auf einer Tafel entsteht von alleine. Wie sollte ein derart komplexes System wie unser Kosmos, unvorstellbar groß und doch bis ins letzte Detail geordnet, aus dem Nichts entstehen? Wie kann man in der Betrachtung der schönsten Bilder in der Natur daran zweifeln, dass sie von einem Künstler gemacht worden sind? Wem dabei nicht vor Staunen der Mund offen bleibt, wer dabei nicht in Demut und Dankbarkeit erkennt, dass er durch diese Betrachtung beschenkt worden ist, der ist wohl kaum als Führungskraft geeignet. Denn dann bliebe ja nur noch der Ansatz, dass alles nichts ist, der Mensch per Zufall entstanden ist und wieder im Nichts endet. Eine Entwicklung unter diesen Voraussetzungen einzuleiten erscheint mir wenig zielführend. Dann kann ja nur noch gelernt werden, sein Leben möglichst auszukosten und ohne Rücksicht auf Schwächere nach der Erfüllung seiner Triebe zu suchen. Denn wenn es Gott nicht gibt, gibt es nur ein Diesseits. Das Leben wird dann zu einem irdisch begrenzten Dasein und nicht zu einem auf die endgültige Vereinigung mit Gott hin ausgerichteten Prozess.

Führung erfordert Führungskräfte, die bereit sind, sich auf einen Entwicklungsprozess mit den anvertrauten Menschen einzulassen. Führen ist alles andere als leicht. Führen ist anstrengend und kostet Zeit. Ein Führungsprozess ist nie abgeschlossen und fordert Präsenz, solange das Führungsverhältnis besteht. Manchmal haben wir als Führungskraft das Gefühl, dass wir tatsächlich Entwicklung ermöglichen und fördern, manchmal scheint es uns so, als wären wir in einer Sackgasse angelangt. Wer mit Gott führt, der kann darauf hoffen, dass er Hilfe von außen bekommt. Gott schickt dem, der eine Führungsaufgabe übernimmt, Menschen, die ihm den Weg zeigen, er schickt ihm Zeichen und Botschaften, die ganz speziell für ihn bestimmt sind. Er hat ihm das Gewissen gegeben, damit der Mensch selbst erkennt, was gut und was böse ist. Wir werden in Lernsituationen gestellt, damit wir als Persönlichkeit und als Führungskraft reifen können. Gott hat uns die Schriften gegeben, damit wir Rat finden in der Not, er hat uns Jesus Christus als Vorbild geschickt, wie Leben und Führen nach der göttlichen Ordnung geht. Er stellt uns Menschen in ein Umfeld, in dem es eine Tradition der Führung gibt, als Teil unserer Kultur, er hat für uns seine Kirche gebaut, wo wir stille Momente der Besinnung und Klärung finden können, aber auch den Rat seiner Würdenträger.

Wenn Führungsprozesse Früchte tragen sollen, dann müssen auch die Rahmenbedingungen passen. Eine Gesellschaft zerreißt daran, wenn manche sich in ihren Führungsprozessen von der göttlichen Ordnung antreiben lassen und andere in eine ganz andere Richtung gehen. *»Gerät alles ins Wanken, was kann da der Gerechte noch tun?«* (Ps 11,3) Wir erleben heute, dass traditionelle Werte über Bord geworfen werden und der Rahmen zerstört wird, der über viele Jahrhunderte die Werte unserer Gesellschaft bestimmt hat. Wie soll in einer Gesellschaft geführt werden, die Familien nicht mehr achtet? Was sollen wir mit dem Diktat der Gleichmacherei von Mann und Frau anfangen und mit der Gesamtschule, die verleugnet, dass die Menschen in ihren Begabungen unterschiedlich sind? Wohin soll es führen, wenn junge Frauen belächelt werden, wenn sie sich für Familie anstatt für Karriere entscheiden? Ist es wirklich zu verantworten, Kinder in einer gleichgeschlechtlichen Partnerschaft aufwachsen zu lassen, ohne dass sie sich dazu äußern können?

Gott differenziert, er macht nicht alles gleich. Er hat unterschiedliche Rollenmuster für Männer und Frauen festgelegt. Er hat auch die Menschen mit unterschiedlichen Talenten gesegnet. Im Gleichnis vom anvertrauten Geld lesen wir: »*Es ist wie mit einem Mann, der auf Reisen ging: Er rief seine Diener und vertraute ihnen sein Vermögen an. Dem einen gab er fünf Talente Silbergeld, einem anderen zwei, wieder einem anderen eines, jedem nach seinen Fähigkeiten. Dann reiste er ab.*« (Mt 25, 14–30) Die Aufgabe der Diener bestand darin, in der Abwesenheit des Herrn das Geld zu vermehren. Er hat den Einzelnen offensichtlich unterschiedliche Leistungen zugetraut, sonst hätte er sie nicht mit unterschiedlich hohen Geldsummen ausgestattet. Im übertragenen Sinn geht es dabei um die Talente, die Gott uns in die Wiege gelegt hat. Und wir haben auch eine Zeitspanne von ihm geschenkt bekommen, in der wir diese Talente zur Reifung bringen sollen, bis wir uns wieder mit Gott vereinen. Damit das gelingt, schickt er uns Führungskräfte, die uns in diesem Auftrag begleiten.

Gottes Ordnung ist für die Ewigkeit gebaut, der Mensch überschätzt sich, wenn er glaubt, sich darüber hinwegsetzen zu müssen. Wir konnten uns in unserem westlichen Kulturkreis über viele Jahrhunderte auf Werte verlassen, die von Generation zu Generation weitergegeben worden sind und den Sinn unseres Handelns ausgemacht haben. Diese Werte waren wie eine große Anzahl von Säulen, die das Fundament unserer Gesellschaft getragen haben. Wir sind gerade dabei, diese Säulen nach und nach unter dem Fundament herauszuziehen. Noch hält das Fundament, aber es kann auch einstürzen, wenn wir weiteren Raubbau an unseren Grundfesten betreiben. Der Niedergang der Werte hat zur Krise der Gesellschaft geführt, die wir heutzutage allerorts antreffen.

Für eine Gesellschaft, die sich von Gott abwendet, sind der Sinn und die Richtung von Führungsprozessen nicht mehr klar ersichtlich, aus diesem Grunde wird auch nicht mehr konsequent geführt. Das hat zur Krise unserer Gesellschaft geführt, einer Krise, die wir uns selbst eingebrockt haben. Dabei ist

Europa vor gar nicht allzu langer Zeit als christliche Gemeinschaft angetreten. Wahrscheinlich wissen die wenigsten von uns, dass die in den 1950er Jahren entwickelte Europaflagge davon erzählt. Die gelben Sterne auf blauem Hintergrund symbolisieren das zwölfsternige Diadem, das in vielen Darstellungen das Haupt der Mutter Gottes ziert. Dieses Symbol wurde von der Kulturabteilung des Europarates vorgeschlagen und an einem achten Dezember angenommen, dem Tag, an dem wir »Mariä Empfängnis« gedenken. Heute gehen wir daran, als Verbeugung vor den Andersgläubigen die Kreuze in den Schulen abzumontieren. Damit löst sich das Abendland auf, und die Kultur unserer Väter zählt nichts mehr. Der Gott der Christen wird verdrängt, und Führungsprozesse mit Gott kommen aus der Mode. In der Entwicklung unserer Gesellschaft hat uns diese Vorgehensweise aber keinesfalls weitergebracht. Im Gegenteil, die Krise hat uns fest im Griff.

Führung als Sinn des Lebens, Führen nach Gottes Vorbild. Was benötigen wir, um Führungsprozesse wieder nach dem Muster der göttlichen Ordnung zu gestalten? Zuallererst braucht es Mut, von Frauen und Männern, die sich nicht von den Moden der Gesellschaft treiben lassen, sondern bereit sind, auf den göttlichen Ruf zu hören. Wir brauchen Politiker, die ihrem Gewissen vertrauen und nicht nur an den nächsten Wahltag denken. Auch die Presse ist gefordert, Themen zu forcieren, in denen es um Gott und seine Ordnung geht und die Entwicklungsprozesse der Gesellschaft, die davon abzuleiten sind. Es braucht aber auch eine starke Kirche, die sich nicht an Dogmen orientiert, sondern sich den Menschen öffnet und sie begleitet. Die Kirche ist aufgefordert, als praktische Ratgeberin aufzutreten, wie die Entwicklung von Menschen in einem Führungsprozess auf der Basis der göttlichen Ordnung gelingen kann.

Wenn Gott uns wirklich deswegen erschaffen hat, weil er sich danach sehnte, zu lieben und zu führen, dann ist damit auch der Sinn unseres Lebens bestimmt. Wir sollen sein Werk auf Erden gestalten, indem wir lieben und die uns anvertrauten Menschen führen und entwickeln, damit sie zur Reife gelangen. Wenn wir Gott aus unseren Führungsprozessen ausklammern, dann nehmen wir dem Leben die eigentliche Würze. Wenn wir unsere Geschichte und Kultur verleugnen, dann verlieren wir den Halt, der uns seit Jahrhunderten durch das Leben geführt hat. Das heißt natürlich nicht, dass wir nicht auf andere Kulturen und Glaubensrichtungen zugehen sollten. Jeder Austausch ist befruchtend. Wir müssen uns aber wieder darüber klar werden, wofür wir stehen, was uns antreibt, und auch den Mut finden, öffentlich dazu zu stehen. Wir brauchen wieder eine Richtung, in die wir führen können, wir brauchen wieder eine Grundlage, die unserem Leben und unseren Führungsprozessen einen Sinn gibt. Welche Grundlage soll das sein, wenn nicht das Wort Gottes und unsere christliche Kultur, die sich über Jahrhunderte im Einklang mit Gott entwickelt hat?

4. Kapitel:
Bausteine göttlicher Führungsarbeit

Die Liebe

Und wenn ich prophetisch reden könnte und alle Geheimnisse wüsste und alle Erkenntnis hätte, wenn ich alle Glaubenskraft besäße und damit Berge versetzen könnte, hätte aber die Liebe nicht, so wäre ich nichts.« (1 Kor 13,2)

Die Liebe ist also tatsächlich das Größte und zugleich das Einzige, was zählt, wie wir im Brief des heiligen Apostels Paulus an die Korinther nachlesen können. Nichts im Leben kann gelingen, wenn die Liebe nicht die Grundlage des Handelns ist. Diese Maxime ist natürlich auch auf die Führungsprozesse anzuwenden – also gerade dort, wo die ureigenste Aufgabe des Menschen wahrzunehmen ist, andere zu führen und zu entwickeln. Wer nicht lieben kann, der kann auch nicht führen. Wer zur tiefsten Emotion nicht fähig ist, der kann in anderen kein Feuer entzünden. Ein Führungsprozess ohne Liebe orientiert sich an Zahlen, Daten und Fakten, aber nicht an den Emotionen der Menschen. Wer will, dass andere mit ihm mitziehen, der muss ihnen vermitteln, dass es ihm ernsthaft um die Entwicklung des Menschen hin zu einer ausgereiften Persönlichkeit geht und dass die messbaren Ziele, die erreicht werden sollen, nur den Rahmen bilden, aber nicht den eigentlichen Grund.

Jeder Mensch, der sich in einem Führungsprozess befindet, hat das Recht darauf, ehrlich und bedingungslos geliebt zu werden. Bei unseren eigenen Kindern fällt uns das meist nicht schwer. Wenn uns ein Kind geschenkt wird, würden wir am liebsten in tiefer Harmonie mit dem Baby verweilen und nichts anderes tun als den Augenblick genießen. Die wahre Liebe fordert von uns aber, so rasch wie möglich in einen Führungsprozess einzusteigen, der es dem Kind später ermöglicht, sich im Leben zurechtzufinden. Deswegen kann man gar nicht früh genug damit anfangen, Regeln und Normen einzuführen und einzufordern. Wahre Liebe zeigt sich darin, dass wir uns von Anfang an auf einen Prozess einlassen, der die Führungskraft wie den Geführten fordert. Was von Anfang an gelernt wird, festigt sich und wird zur Selbstverständlichkeit. Das gilt vor allem für den Umgang mit Ordnung und Strukturen. Wer früh genug an ein geordnetes Leben herangeführt wird, dem wird eine brauchbare Basis geschaffen, sich später einmal alleine zurechtzufinden.

Wir schaffen also die Ordnung und die Struktur aus der Liebe heraus, damit der Mensch ein Umfeld vorfindet, in dem er sich entwickeln kann. Das ist in allen Führungssituationen – ob im privaten oder im beruflichen Kontext – notwendig und auch nicht verhandelbar. Einzelne Ausprägungen einer Ordnung sind natürlich dem System anzupassen und damit auch verhandelbar, aber der Grundsatz, dass sich die Entwicklung eines Systems nur in einem geordneten Rahmen vollziehen kann, muss klar sein. Und damit sind wir oft auch schon an dem Punkt angelangt, der Führen schwer macht und emotional belastet. Wenn die Geführten nicht einsehen wollen, dass sie selbst von geordneten Verhältnissen am meisten in ihrer Entwicklung profitieren und dass es der Führungskraft nicht darum geht, ihren Willen durchzusetzen, sondern darum, Entwicklung zu ermöglichen. Das Herz wird uns schwer, wenn wir dabei zusehen, wie sich jemand lieber den Kopf anrennt, als sich auf den Weg zu begeben, den die Führungskraft zeigt. Dann leiden wir als Führungskraft – umso mehr, wenn es sich bei den Geführten um Menschen handelt, die uns nahestehen.

Führen und Leiden ist aber untrennbar miteinander verbunden. Wer liebt, der leidet, wenn ein Führungsprozess stecken bleibt oder wenn sich die Geführten sogar von der Führungskraft abwenden. In dieser Situation sind wir aber erst recht gefordert, die Menschen immer wieder abzuholen und ihnen den Vorteil einer geplanten Entwicklung von Neuem zu verkaufen. Und es kommen auch wieder Zeiten, in denen wir nicht mehr leiden, sondern uns freuen, wenn Entwicklungsprozesse schließlich doch aufgehen und wir mit der Liebe der geführten Menschen belohnt werden, die echt ist und andauert.

Ich war mit meiner Familie auf einem Berg in der Nähe unseres Wohnortes, der wegen der guten Thermik von Paragleitern und Drachenfliegern gerne als Ausgangspunkt ihrer Flüge gewählt wird. Mein damals zehnjähriger Sohn Mattias war schon vorne an der Sammelstelle, von der die Flüge abgingen. Ich befand mich noch weiter hinten auf einem Hügel und konnte meinen Sohn von dort aus beobachten. Der Pilot des größten Drachens schickte sich an, demnächst zu starten. Diesen Augenblick wollte mein Sohn unbedingt mit seinem Vater teilen. Er lief zurück in meine Richtung, dann, auf halbem Weg, kehrte er um und bewegte sich wieder auf den Drachen zu. Er konnte sich nicht entscheiden, ob er dafür, dass er das Erlebnis mit seinem Vater teilen wollte, bereit war, den offensichtlich baldigen Abflug zu verpassen. Ich stand noch immer hinter einem Hügel, er konnte mich nicht sehen. Ich hätte zu ihm hinlaufen können und ihm diese Entscheidung erleichtern, tat es aber nicht. Er sollte sich selbst entscheiden. Schließlich lief er zu mir. Das war einer der Momente in meinem Leben, in denen ich eine tiefe Liebe im Führungsprozess verspürte.

Die Liebe fordert uns aber auch zur Strenge auf. Die ist genauso Teil eines Führungsprozesses, wenn er gelingen soll. Wenn

Gebote oder Verbote gebrochen werden, dann muss man reagieren; wenn Vereinbarungen nicht eingehalten werden, muss man Konsequenzen setzen. Die Liebe wird aber immer darauf achten, dass die Menschen auch in der Umsetzung von Konsequenzen ihr Gesicht wahren können und dass nicht unverhältnismäßig streng gehandelt wird.

Während des Führungsprozesses sollten wir uns immer wieder mit Gott in Verbindung setzen. Er teilt gerne die Freude mit uns, wenn ein Entwicklungsprozess aufgeht, aber auch die Sorge und das Leid, wenn ein Führungsprozess festgefahren ist. Wenn wir klare Fragen formulieren und um Beistand bitten, wird er uns Erkenntnisse und Handlungsmöglichkeiten schicken. Gott wird seine Geschöpfe nie im Stich lassen, wenn sie ihn um Hilfe bitten. Er führt nicht nur mit Liebe, er selbst ist die Liebe.

Die Ordnung

»*Gott sah alles an, was er gemacht hatte, es war sehr gut.*«
(1 Mose 1,31)

Am Abend des sechsten Tages zeigt uns die Bibel einen zufriedenen Gott, der sein Werk beendet hatte. Aus nichts hatte er sein Werk erschaffen. Den gewaltigen Kosmos mit der Sonne, den großen Planten, den Milliarden von Sternen. Und unsere Erde, den auserwählten Planeten, den er als Lebensraum für den Menschen vorbereitete.

In der Schöpfungsgeschichte lesen wir, dass sich Gott sehr geordnet an sein Werk machte. Für die Gestaltung der Erde nahm er sich sechs Tage Zeit, jeder Tag war für bestimmte Aufgaben im Rahmen einer Prozesskette vorgesehen. Wüst und leer war die Erde am Anfang, und es herrschte eine tiefe

Finsternis. Dann schuf Gott das Licht, die Voraussetzung für das Leben. Er schied den Himmel von der Erde, ließ das Wasser auf der Erde in große Becken zusammenlaufen, damit das trockene Land sichtbar wurde. Dann schuf er die Pflanzen und die Bäume, die Früchte auf den Bäumen und die Wiesen. Danach kamen die Lichter am Himmel an die Reihe, die unendlich vielen Gestirne, die Sonne und der Mond, als Herrscher über den Tag und die Nacht. Schließlich machte er sich an die Erschaffung der Lebewesen, und bald wimmelte es in den Meeren von unzähligen Fischen aller Arten, und die Erde brachte Lebewesen in unterschiedlichsten Formen hervor, die das trockene Land bevölkerten. Dann schuf Gott den Menschen. Er schuf ihn als Mann und Frau und trug ihnen auf, sich zu vermehren. Der Mann sollte mit der Frau ein Fleisch werden, damit für Nachkommen gesorgt ist. Die Nachkommen erhielten wiederum den Auftrag, Vater und Mutter zu verlassen und sich an ihre Frau oder ihren Mann zu binden. Damit schuf Gott die Familie als heiligen Ort.

Die göttliche Ordnung hat über die Jahrtausende den Lauf des Lebens bestimmt. Die Menschen erkannten, dass sie in einer stabilen Struktur zu Hause waren, auf die sie sich verlassen konnten. Die Sonne ging jeden Tag auf und wieder unter, der Sommer folgte regelmäßig auf den Frühling, bestimmte Früchte wurden immer zur gleichen Zeit reif. Es gab nichts als Ordnung, und der Mensch richtete sein ganzes Leben danach aus. Der Lauf der Natur bestimmte sein Handeln. Es gab die Zeit der Saat und die Zeit der Ernte, aber auch die Zeit, in der die Natur ruhte, und der Mensch ließ sich von diesem Rhythmus lenken.

Gott sah, dass es gut war, nachdem er sein Werk der Schöpfung vollendet hatte. Er hatte eine allumfassende Ordnung geschaffen, die den Menschen umgab, auf ihn abfärbte und sein Leben lenkte. Der Mensch als Teil dieser Ordnung ist von Gott aufgefordert, in seinem Tun zu prüfen, ob es in den Rahmen passt, den er uns zur Verfügung stellt. Wer die Führungsprozesse in den göttlichen Rahmen der Ordnung einpasst, der handelt nach Gottes Willen. Wer es nicht tut, der stellt sich gegen Gott. Eine Gesellschaft, die ihre Führungs- und Entwicklungsprozesse der göttlichen Ordnung unterwirft, wird leben und überleben. Eine Gesellschaft, die sich nicht daran orientiert, wird zugrunde gehen. Nichts kann reifen, wenn der Boden nicht dafür geeignet ist. Nicht die Unordnung ist das Natürliche, in der sich unsere Gesellschaft heutzutage befindet, sondern die Ordnung. *»Wohl dem Mann, der nicht dem Rat der Frevler folgt, nicht auf dem Weg der Sünder geht, nicht im Kreis der Spötter sitzt, sondern Freude hat an der Weisung des Herrn, über seine Weisung nachsinnt bei Tag und bei Nacht.«* (Ps 1,1–2)

Heutzutage wollen wir der Reifung und der Entwicklung keine Zeit mehr geben. Alles muss schnell gehen. Es geht uns viel mehr um den schnellen Gewinn als um ein Wachstum, das sich stetig und fundiert entwickelt. In der Wirtschaft ist der schnelle Profit angesagt, aber auch das Wachstum in der Landwirtschaft wird künstlich beschleunigt. Kindern werden Entwicklungsschritte zugemutet, die sie noch nicht leisten können, wir hetzen auf schnellstem Wege von A nach B, wir schlingen Fastfood in uns hinein, um ja keine Zeit zu verlieren. In Gottes Ordnung geht es ganz anders zu. Alles hat seine Zeit, seinen Anfang, seine Entwicklung und seine Reifung. »Gras wächst nicht schneller, wenn man daran zieht«, sagt ein Sprichwort der Thsi, Ghana. Für Führungsprozesse heißt das, dass wir Geduld haben müssen mit denen, die uns anvertraut sind. Entwicklungsprozesse lassen sich eben nicht beliebig beschleunigen. Was werden soll, muss Zeit zum Wachsen haben. Es ist an uns als Führungskraft, den Samen zu säen und das Pflänzchen, sobald es sich zeigt, zu hegen und zu pflegen, bis es schließlich zur Reife gelangt.

Die Entwicklung des Menschen ist in der göttlichen Ordnung untrennbar mit der Familie verbunden. Sie ist die Keimzelle und bildet den Rahmen für die Entwicklung des menschlichen Lebens, eine Schule, in der gelernt werden soll, wie Leben geht. Nicht irgendein Leben soll vorgelebt, gelehrt und gelernt werden, sondern jene Lebensform, die Gott für uns vorgesehen hat. Ein Leben in Beziehung und Auseinandersetzung mit ihm. Er hat die Mutter und den Vater als Führungskräfte eingesetzt, die Gott dabei helfen sollen, dass das kleine Menschenkind in eine Beziehung mit ihm hineinwachsen kann. Er will, dass die Kinder darauf vorbereitet werden, einmal den Auftrag erfüllen zu können, den er für sie vorgesehen hat. Als Grundlage dafür gilt es, die Liebe zu lernen und mit der Ordnung vertraut zu werden, die Gott uns gegeben hat. Regeln und Normen müssen aufgestellt, erlebt und umgesetzt werden, die Liebe muss aber über allem stehen, als bedingungslose Liebe, damit das Kind nicht verzagt. Die Liebe der Mutter bleibt immer bedingungslos, die Liebe des Vaters vertieft sich, wenn das Kind bereit ist, sich für Entwicklungsprozesse zu öffnen. Gott will, dass der Vater sich dafür zuständig fühlt und darauf einlässt.

Die Ordnung als Grundlage unserer Führungsprozesse ist also ein ganz wesentlicher Baustein, den Gott uns mit auf dem Weg als Führungskraft gibt. Und das Abweichen von dieser Ordnung ist das größte Manko, dass wir in der heutigen Gesellschaft erleben. Wenn Mutter- und Vaterrollen zu einem Einheitsbrei aufgeweicht werden sollen, dann ist damit ganz sicher nicht der göttliche Wille erfüllt. Gott hat Mann und Frau nicht ohne Grund in ihrer Unterschiedlichkeit geschaffen und beiden Geschlechtern unterschiedliche Prägungen für die Wahrnehmung von Führungsaufgaben mitgegeben. Der Führungsprozess wird erst komplett, wenn er aus dem Zusammenspiel dieser unterschiedlichen Verhaltensmuster entsteht. Die Familie ist also das oberste Ordnungsprinzip in der göttlichen

Schöpfung. Gott liebt seine Geschöpfe, und er will, dass sie in einem geschützten Rahmen aufwachsen können – umsorgt und geliebt von Mutter und Vater, die sich auf den Prozess der Entwicklung mit dem Kind einlassen. Beide zusammen und jeder auf seine Weise. Wenn die Familie als Keimzelle der Gesellschaft plötzlich keinen Wert mehr haben soll, dann wird Gott in seinem Innersten getroffen.

Intakte Familien sind die Basis dafür, dass sich die Gesellschaft im Ganzen gut entwickelt. Wenn Menschen aus den Familien herauskommen, die gelernt haben, sich an ethischen Werten zu orientieren, dann hat das eine gute Auswirkung auf die Systeme, in denen sie später einmal arbeiten. Unsere Systeme leiden ja gerade an dem Verfall der Werte. Tradition scheint nicht mehr zu zählen, Werte, die uns über lange Zeit hin begleitet haben, sind völlig aus der Mode gekommen. Alles wird infrage gestellt, Bewährtes über Bord geworfen. Am Anfang war die göttliche Ordnung, heutzutage erleben und erleiden wir die von Menschen gemachte Unordnung.

Die Ordnung ist das Natürliche, nicht die Unordnung. Tausende von Jahren hat diese Ordnung unser Leben geprägt und sich in unserem Herzen, unserer Seele und unserem Geist eingeprägt. Wenn Führungs- und Entwicklungsprozesse gelingen sollen, dann ist die Voraussetzung dafür, dass wir uns von der göttlichen Ordnung leiten lassen.

Die Schriften

»Bedenkt dabei vor allem dies: Keine Weissagung der Schrift darf eigenmächtig ausgelegt werden, denn niemals wurde eine Weissagung ausgesprochen, weil ein Mensch es wollte, sondern vom Heiligen Geist getrieben haben Menschen im Auftrag Gottes gehandelt.« (2 Petr 1, 20–21)

Alles, was in der Bibel geschrieben steht, kommt von Gott. Aufgeschrieben wurde es natürlich von Menschen, die dazu die Erleuchtung vom Heiligen Geist bekommen haben, wie wir im zweiten Petrusbrief lesen. Die Menschen erlangten Informationen über das, was sie aufschreiben sollten, direkt durch den Geist des Schöpfers, der sie durch Boten, Visionen oder Träume heimsuchte. Es waren ganz konkrete Menschen, die sich von der Berührung Gottes rufen ließen und ihre Erfahrungen in der Beziehung zu Gott niederschrieben. In der Bibel finden wir viele Beispiele dafür, wie Gott Menschen direkt anspricht und sie für besondere Aufgaben bestimmt, damit wir nicht erschrecken, wenn es uns selbst passiert.

Die Bibel liegt uns heute in zwei Teilen vor. Das Alte Testament war schon viele hundert Jahre vor Christus geschrieben und gilt auch heute noch als die Richtschnur für ein gottgefälliges Leben. Wir finden darin unter anderem die fünf Bücher, die dem Propheten Moses zugeschrieben worden sind. Gleich im ersten Buch lesen wir die Schöpfungsgeschichte und die Auseinandersetzung der ersten Menschen mit Gott. Im zweiten Buch offenbart sich Gott direkt dem Propheten Moses und teilt ihm die Zehn Gebote mit. Wir finden in den Büchern des Moses auch zahlreiche Verhaltensvorschriften für den Umgang miteinander in der Gesellschaft der damaligen Zeit, die als Grundordnung bekannt gemacht und eingehalten wurden. Im Alten Testament treten uns noch eine Reihe weiterer Propheten entgegen, die im Auftrag Gottes sprechen. Darüber hinaus finde ich die Sammlung der Psalmengebete besonders interessant, urige und kernige Texte, die für alle Lebenslagen Inhalte zur Verfügung stellen, zum Trost in der Not, aber auch zum Ausdruck der Freude und Dankbarkeit über schöne Erlebnisse.

Für uns Christen gibt es auch das Neue Testament, das in seinem Umfang etwa ein Drittel der gesamten Bibel ausfüllt.

Wir finden die vier Evangelien des Matthäus, Markus, Lukas und Johannes, die das Leben Jesu nachzeichnen. Dann folgt die Apostelgeschichte, die die Entwicklung der jungen Christengemeinde nach dem Tod Jesu beschreibt. Weiter finden wir eine Sammlung von Briefen der Apostel an die christlichen Urgemeinden und schließlich die Offenbarung des Johannes, der in einer Vision das Ende der irdischen Welt erlebt.

Mit der Bibel hat Gott ein Führungsinstrument geschaffen, das dem, der sucht, jederzeit den Weg zu einem erfüllten Leben weist. Er hat dabei an alles gedacht. Er lässt uns hinter die Kulissen seiner Ordnung blicken und den Sinn erkennen, der sich dahinter verbirgt. Er gibt uns für alle Lebenslagen Gebote und Verbote, damit wir uns orientieren können. Er gibt klar zu erkennen, dass Führen und Entwickeln die Hauptaufgabe ist, die er seinen Geschöpfen mitgibt. Er macht deutlich, was ihm wirklich wichtig ist. So setzt er die Familie in den Mittelpunkt der Gesellschaft, damit Leben geordnet reifen kann. Gott lobt und er tadelt, er beschenkt und bestraft. Er zeigt sich aber auch als Lernender, der sein Führungsverhalten selbst immer wieder reflektiert. Schließlich lässt er das alles aufschreiben, damit es uns immer zur Verfügung steht. Gott hat also Menschen auserwählt, damit sie seinen Willen erkennen und aufschreiben. So ist die Heilige Schrift entstanden, das Buch der Bücher, in alle Weltsprachen übersetzt, viele Millionen Mal verkauft. Diktiert Gott auch heute noch Bücher, oder war die Heilige Schrift das Einzige, das er uns zur Verfügung gestellt hat?

Ich sitze hier und schreibe. Viele Stunden und Tage sind vergangen, seit ich mit diesem Buch begonnen habe. Ich schreibe ein Buch über Gott und habe dabei ständig das Gefühl, dass ich ein Buch mit Gott schreibe. Ich bin in Gedanken versunken, die Buchstaben fügen sich aneinander, Zeilen entstehen, Absätze und Seiten. Manchmal habe ich das Gefühl, dass da jemand anderer ist, der dieses Buch schreibt. Wenn ich einen Abschnitt fertig geschrieben habe und noch einmal durchlese, frage ich mich oft, wer das geschrieben hat.

Es geht aber nicht jede Stelle in diesem Buch so leicht von der Hand. Manchmal stecke ich fest, wenn mir eine Erkenntnis noch nicht klar ist und erst gefunden werden muss, damit sich die Zusammenhänge logisch ordnen. Dann ist geistige Arbeit gefragt, und der Lohn besteht im Erkennen eines Zusammenhanges, den ich bisher nicht hatte.

Manchmal stecke ich in einem Satz fest, in einem Abschnitt, der ansonsten ganz leicht von der Hand geht. Dann bin ich wohl gerade dabei, einen Gedanken zu formulieren, der nicht in diesen Zusammenhang passt. Inzwischen habe ich mir angewöhnt, in solchen Situationen den Satz einfach wieder zu löschen und mir selbst zu sagen: »Gut, dann ist dieser Gedanke nicht von Gott, dann formuliere ich eben anders.« Und schon geht es wieder flüssig weiter, als ob mir jemand diktieren würde.

Kann Gott Bücher diktieren? Natürlich! Wer sonst ist es denn, der da sitzt und schreibt? Wir haben uns den Geist ja nicht selbst gegeben. Gott ist es, der uns erkennen lässt und uns die Worte zu formulieren gibt. Dem einen schickt er Noten und Töne, dem anderen die passenden Farben und den Pinselstrich und dem Dritten eben die richtigen Worte und Formulierungen. Am Anfang steht die Entscheidung, ob wir seinem Ruf folgen wollen. Ich habe lange gezögert, ob ich dieses Buch schreiben soll, weil es ja auch ein öffentliches Bekenntnis ist. Als ich mich dann aber dafür entschied, fügte sich rasch eine Erkenntnis zur anderen. Als ob Gott nur darauf gewartet hätte, trat er sofort in einen Führungsprozess mit mir ein, der mich erkennen ließ, worauf es ankommt, wenn ich ein Buch über »Führen nach Gottes Vorbild« schreiben will. Er schickte mir die Struktur und die ersten Formulierungen, und bald fasste ich Vertrauen, dass dieses Buch ein schönes Werk werden würde. Die Anstrengung dabei nimmt Gott einem aber nicht ab. Das ist der Beitrag, den man selbst leisten muss, so wie in allen Entwicklungsprozessen.

Die Regeln

»Dann gebot Gott der Herr dem Menschen: Von allen Bäumen des Gartens darfst du essen, doch vom Baum der Erkenntnis von Gut und Böse darfst du nicht essen; denn sobald du davon isst, wirst du sterben.« (1 Mose 2, 16–17)

Gott hatte dem Menschen einen Lebensraum geschaffen, in dem er sich wohl fühlen konnte. Er näherte sich dem Menschen, sprach ihn an. Gott weiß, wie wichtig es ist, dass da jemand Regeln aufstellt, damit sich die Menschen zurechtfinden. Er hat ein Gespür dafür und gibt gleich am Anfang der Beziehung zu Adam Orientierung: Du darfst, und du darfst nicht. Die Entwicklung jedes einzelnen Menschen ist abhängig davon, ob da jemand ist, der Orientierung gibt. Jemand, der hilft, Gut und Böse zu erkennen, jemand, der die Routineabläufe eines Tages regelt, damit eine Struktur entsteht, die das Leben ordnet. Eltern helfen ihren kleinen Kindern in das Leben hinein, wenn sie von Anfang an liebevoll, aber doch konsequent Verhaltensvorschriften einführen und auf die Umsetzung bestehen. Ein kleines Kind weiß ganz einfach noch nicht, was ihm guttut, und Eltern, die dem Kind aus falscher Liebe andauernd nachgeben, helfen ihm nicht bei seiner Entwicklung, im Gegenteil, sie verhindern sie. Auch in der Gesellschaft sind Regeln eine Grundlage, ohne die das Zusammenleben nicht funktionieren kann. Sie sind in den Gesetzen aufgeschrieben, damit sich jeder auskennt. Und weil man die Schwächen des

Menschen kennt, wird jedem, der sich nicht daran hält, mit Strafen gedroht.

Adam hält sich nicht an das Gebot. In der bildhaften Erzählung aus dem Paradies wird er von seiner Frau Eva verführt, doch vom Baum der Erkenntnis zu essen. Wie immer diese Erzählung zu interpretieren ist, fest steht, dass damit gezeigt wird, dass der Mensch dazu neigt, Regeln zu brechen. Dann muss reagiert werden, denn wenn die Führungskraft das Überschreiten von Regeln kommentarlos hinnimmt, gibt es keinen Führungsprozess mehr – der Geführte erkennt, dass er doch machen kann, was er will, und dass das für ihn keine Konsequenzen hat.

Gott reagiert. Und wie! In der amerikanischen Zeichentrickserie »Die Simpsons« wird das auf eine äußerst komische Weise dargestellt. Homer und seine Frau Marge stehen nur mit einem Feigenblatt bekleidet im Paradies. Als Gott bemerkt, dass sie das Verbot gebrochen haben, nimmt er zuerst Homer und dann Marge wie einen Fußball in die Hände und schießt sie mit großer Wucht im weiten Bogen aus dem Paradies. Dann wischt er sich die Hände ab und geht aus dem Bild, während Homer und Marge unsanft auf ihrem Hinterteil landen. Die Szene regt zum Lachen an, hat aber natürlich eine sehr tiefe Bedeutung.

Gott hat sich nicht davor gescheut, die Konsequenzen zu ziehen, auch wenn er damit eine Handlung vollzieht, die äußerst weitreichende Wirkung für die gesamte Menschheit hat. Von da an sind wir alle sterblich und müssen uns unser Brot im Schweiße unseres Angesichts verdienen.

Hat Gott überreagiert? Wir dürfen an dieser Stelle nicht vergessen, dass der Mensch aus der großen Liebe des Schöpfers heraus entstanden ist. Gott wollte sich Wesen schaffen, ihm fast gleich, die er lieben und führen konnte. Alles wollte er für sie tun. Er stellte ihnen einen äußerst angenehmen Lebensraum zur Verfügung, er machte dem Menschen eine Frau, damit er nicht alleine war. Alles war Adam und Eva erlaubt, nur eines nicht, vom Baum der Erkenntnis zu essen. Und wie reagieren die Menschen auf diese liebevolle Fürsorge? Sie nutzen die erstbeste Gelegenheit aus, ihn zu hintergehen. Damit hat Gott wohl tatsächlich nicht gerechnet. Ein tiefer Zorn überkommt ihn, und er schickt seine Menschen fort aus seinen Augen. Er hatte den Menschen den freien Willen wohl in der Annahme gegeben, dass sie diesen nicht nutzen würden, um ihn zu hintergehen. Dass sie es aber doch taten, hat Gott offensichtlich ziemlich aus der Bahn gebracht. Die Führungsgeschichte zwischen Gott und den Menschen beginnt also mit einer Krise. Wo ein freier Wille ist, kann niemand wissen, wie sich ein Mensch entscheiden wird. Dieses Risiko ist Gott wohl bewusst eingegangen – möglicherweise wurde er aber davon überrascht, wie wenig für den Menschen Gebote und Verbote zählen.

Aus diesen Ausführungen ergibt sich, dass Regeln in einem Führungsprozess eine wichtige Bedeutung haben. Regeln sind dazu da, dass man sich zurechtfindet, dass man weiß, was man darf und nicht darf, und dass man sicher sein kann, im Einvernehmen mit der Führungskraft zu handeln, wenn man die Regeln einhält. Andererseits bilden Regeln aber auch die Grundlage für Entwicklung gerade dadurch, dass man sie überschreitet. Wenn Regeln überschritten werden, werden Führungskräfte dazu veranlasst, in einen echten Führungsprozess einzusteigen, der nicht nur im Begleiten besteht, sondern eben im Führen. Wir kennen diesen Vorgang gut aus der Erziehung unserer Kinder. Zwei Phasen der Entwicklung des Kindes sind es vor allem, die in diesem Zusammenhang zu erwähnen sind: die Trotzphase und die Pubertät. Das Kind sagt »Nein« zu seiner Mutter und zu seinem Vater. Es will sich reiben, es will sich aus der Abhängigkeit hinausentwickeln, es will ein selbstbestimmter Mensch werden. Die Erwachsenen sind in dieser Phase besonders gefordert. Es gilt, sich als Reibebaum zur Verfügung zu stellen und sich in diesen Konflikt einzulassen, damit er durchlebt werden kann und Entwicklung ermöglicht wird.

Zu einem späteren Zeitpunkt sieht Gott sich veranlasst, den Menschen ein umfassendes Regelwerk zur Verfügung zu stellen, an dem sie sich von da an orientieren sollten. Im zweiten Buch Mose, dem Exodus, lesen wir, wie sich Gott dem Propheten auf dem Berg Sinai offenbarte. Er verkündete die Zehn Gebote, damit von nun an klar war, wie Gott sich seine Beziehung zu den Menschen und die Beziehungen der Menschen untereinander vorstellt. Diese Regeln zum Leben haben bis heute nichts an ihrer Aktualität verloren, sie bilden nach wie vor die Grundlage effizienter Führungsprozesse. Wir werden uns im nächsten Kapitel noch ausführlich damit beschäftigen.

Gott stellt also Regeln auf, als Baustein von Führungsprozessen; Leitlinien, die uns Orientierung geben und den Weg zeigen. Gleichzeitig fordert er auch, Konsequenzen zu ziehen, wenn Regeln nicht eingehalten werden. Die Geschichte aus dem Paradies mag uns in der konsequenten Anwendung einer drakonischen Strafe befremden. Es geht in dieser Erzählung aber vor allem um die bildhafte Darstellung des Umgangs mit Regeln im Führungsprozess. Sie will Gott für uns angreifbar machen als Wesen, das in größter Enttäuschung reagiert, aber doch die Liebe nicht verliert. Gott zeigt sich als Lernender, er formuliert die Zehn Gebote ausführlich und klar und gibt den Menschen damit eine zweite Chance, sich ihm zuzuwenden. Er verspricht Moses seine tiefe Zuwendung, wenn die Menschen seine Gebote halten: »*Da sprach der Herr: Hiermit schließe ich einen Bund: Vor deinem ganzen Volk werde ich Wunder wirken, wie sie auf der ganzen Erde und unter allen Völkern nie geschehen sind. Das ganze Volk, in dessen Mitte du bist, wird die Taten des Herrn sehen ...*« (2 Mose, 10) Gott gibt damit ein Beispiel, wie man Menschen im Führungsprozess gewinnen kann: mit dem Versprechen einer tiefen Zuwendung für den, der sich an die Regeln hält.

Die Direktansprache

»Das Wort des Herrn erging an mich. Noch ehe ich dich im Mutterleib formte, habe ich dich ausersehen, noch ehe du aus dem Mutterschoß hervorkamst, habe ich dich geheiligt, zum Propheten für die Völker habe ich dich bestimmt.« (Jer 1, 4–8)

Gott ruft die Menschen, die er für besondere Aufgaben erwählt hat, an seinem Entwicklungsprojekt mitzuarbeiten. Von Direktansprachen wird in der Bibel an vielen Stellen berichtet, sie werden so eindringlich geschildert, dass die Menschen, die es betrifft, ohne Zögern dem Ruf des Herrn folgen. Für manche Menschen ändert sich mit der Annahme eines Auftrages von heute auf morgen ihre gesamte Lebenssituation.

Noah ist der erste Mensch, dem Gott einen direkten Auftrag zukommen lässt. Er soll eine Arche bauen, damit er und seine Familie sowie jeweils ein Paar von allen Tieren die Flut überstehen werden, die bald über die Erde hereinbrechen wird. *»Mach dir eine Arche aus Zypressenholz! Statte sie mit Kammern aus, und dichte sie innen und außen mit Pech ab!«* (1 Mose 6,14) Noah zögert nicht und macht sich an die Umsetzung seines Auftrages, der auf den ersten Blick, gelinde gesagt, skurril anmutet. Er baut diese Arche. Man kann sich vorstellen, welchem Spott er seitens der Leute ausgesetzt war, die ihn dabei beobachteten. Aber Noah ließ sich davon nicht beirren, er baute einfach weiter, so groß war sein Vertrauen in Gott. Und seine Söhne vertrauten dem Vater, er beauftragte sie, an diesem Werk mitzubauen, und sie taten es.

Auch Abraham wird für einen besonderen Auftrag auserwählt. Er soll alles hinter sich lassen und aufbrechen, in ein Land, das Gott ihm zeigen wird. Gott verspricht ihm eine Belohnung dafür, wenn er seinen Auftrag erfüllt: »*Ich werde dich zu einem großen Volk machen, dich segnen und deinen Namen groß machen. Ein Segen sollst du sein.*« (1 Mose 12,2) Und Abraham bricht auf. Er wird zum ersten Pilger, indem er Gottes Auftrag annimmt. Gott fordert von ihm eine Anstrengung, wie sie auch heute noch gefordert ist, wenn Menschen sich auf einen Pilgerweg begeben wollen. Man braucht dazu den Mut zum Aufbruch, das Durchhaltevermögen und das Vertrauen auf Gott, dass sich der Aufwand für das Ziel, das man erreichen wird, gelohnt hat.

Gott schickt auch den Propheten Moses los. 40 Jahre lang wandert der mit seinem Volk Israel durch die Wüste, nachdem Gott ihm aufgetragen hatte: »*Und jetzt geh. Ich sende dich zum Pharao. Führe mein Volk, die Israeliten, aus Ägypten heraus!*« (3 Mose 3,10) Man kann sich vorstellen, dass immer wieder Zweifel aufgetaucht sind, was Gott mit dieser langen Reise beabsichtigt, und dass sich das Volk gegen seinen Führer Moses aufgelehnt hat. Gott greift immer wieder aktiv ein. Als es an Fleisch mangelt, schickt er dem Volk Nahrung. Gott hatte ein Ziel der Reise auserkoren, das gelobte Land Kanaan, in das er das Volk schließlich führen wollte. Die lange Reise hatte den Sinn, dem Volk zu lehren, darauf zu vertrauen, dass Gott weiß, was er tut. Auch sollte das Volk sich dieser besonderen Herausforderung stellen, damit es lernt, mit Konflikten umzugehen, die sich innerhalb der Gemeinschaft, bedingt durch die Strapazen der langen Reise, ergaben. Direktansprachen einzelner Personen können also auch eine Auswirkung auf eine Gruppe haben oder – wie in diesem Falle – sogar auf ein ganzes Volk. Die Ansprache ergeht nur an Moses, und indem er den Auftrag annimmt, wird das ganze Volk in den Plan Gottes einbezogen. In diesem Beispiel geht es Gott wohl darum, Lernsituationen zu schaffen. Für Moses, der sich als Führer in einer Extremsituation bewähren soll, und für ein ganzes Volk, das lernen soll zu vertrauen, das reifen soll im Umgang miteinander in einem Umfeld von Entbehrungen und Ungewissheit.

Viele Propheten werden direkt von Gott angesprochen, und wie wir in dem Ausschnitt aus dem Buch Jeremia zu Beginn dieses Abschnittes lesen können, scheint es so, dass er die Menschen schon ausgewählt hat, bevor sie auf der Welt sind. Besonders eindrucksvoll wird in der Bibel die Berufung Samuels beschrieben. Der war damals noch jung und wohnte im Haus des Eli. Der Herr rief Samuel dreimal im Traum. Jedes Mal stand er dann auf und ging zu Eli, weil er glaubte, dieser habe ihn gerufen. Eli aber wusste, dass Gott Samuel gerufen hatte, und sagte zu ihm: »*Geh, leg dich schlafen. Wenn er dich wieder ruft, dann antworte: Rede, Herr, dein Diener hört!*« (1 Sam 3,9) So geschah es. Der Herr rief Samuel erneut, und er antwortete, so wie ihm Eli aufgetragen hatte. Das war der Beginn einer besonderen Beziehung Gottes zu Samuel, der Gefallen an ihm gefunden hatte und ihn sein Leben lang mit besonderen Aufgaben betraute.

Die Ansprachen Gottes sind natürlich nicht immer so spektakulär wie in den angeführten Beispielen, und es ist auch nicht so, dass nur bestimmte Menschen angesprochen werden. Jeder von uns wird immer wieder angesprochen, beim einen meldet sich Gott lauter und direkter, beim anderen leiser und verschlüsselt. Manche Menschen werden für größere Aufgaben ausgewählt, manche für kleinere, aber jede Aufgabe ist gleich wichtig im großen Plan. Gott ruft und wirbt um uns immer wieder, die Freiheit, seinem Ruf zu folgen oder nicht, bleibt dem Menschen. Wer dem Ruf folgt, dem bietet er einen Führungsprozess an, in dem der Mensch durch das Wahrnehmen einer Aufgabe eine interessante Entwicklung durchlaufen kann. Aber auch die, die Nein sagen, lässt Gott nicht im Stich und bietet immer wieder Aufgaben an.

Am Anfang der Entwicklung der Kirche stand ebenfalls eine direkte Ansprache von Menschen. Gott schickte seinen Sohn, um den ersten Eckstein zu setzen, und Jesus ging auf die Menschen zu. *»Als Jesus am See von Galiläa entlangging, sah er zwei Brüder, Simon, genannt Petrus, und seinen Bruder Andreas; sie warfen gerade ihr Netz in den See, denn sie waren Fischer. Da sagte er zu ihnen: Kommt her, folgt mir nach! Ich werde euch zu Menschenfischern machen. Sofort ließen sie ihre Netze liegen und folgten ihm.«* (Mt 4,18) Die ersten Jünger Jesu waren also zwei Fischer am See, denen er das Angebot gemacht hat, ihm zu folgen. Es gab kein Auswahlverfahren, nein, einfach nur die Ansprache von Menschen. Das Beispiel zeigt uns, dass jeder von uns angesprochen ist. Hätten Petrus und Andreas Nein gesagt, dann wäre Jesus wohl weitergegangen. Sie taten es aber nicht, die Aussicht, »Menschenfischer« zu werden, war wohl eine große Motivation, etwas Neues zu wagen.

Gott gibt uns jeden Tag die Chance, Menschenfischer zu werden. Er schickt uns Führungssituationen, die wir so gestalten könnten, dass sich Menschen entwickeln. Berufung und Ansprache sind also nicht immer für einen einzelnen Menschen bestimmt, Gott bedient sich auch der kollektiven Ansprache, die jeden von uns betrifft. Jeder Einzelne ist angesprochen und aufgefordert, die Entwicklung der Menschheit mitzugestalten, sie zu fördern und zu fordern. Und dann liegt es natürlich auch an uns, ob wir bereit sind, darüber hinaus auf jenen Ruf zu hören, der nur für uns selbst bestimmt ist.

Die persönliche Beziehung

»Wie ein Hirt sich um die Tiere seiner Herde kümmert an dem Tag, an dem er mitten unter den Schafen ist, die sich verirrt haben, so kümmere ich mich um meine Schafe und hole sie zurück

von all den Orten, wohin sie sich am dunklen, düsteren Tag zerstreut haben.« (Ez 34,12)

Gott kümmert sich um alle Menschen. Jeder Einzelne von uns ist ihm wichtig. Er sucht die Beziehung zu jedem Menschenkind, so als ob es das einzige wäre, das auf der Welt ist. Es ist also nicht so, dass er an Milliarden denken muss und dass dann hin und wieder eine kleine Prise Zuwendung für einen bestimmten Menschen abfällt. Nein, Gott schafft es irgendwie, gleichzeitig zu sein und da zu sein für alle Menschen, die ihn suchen. *»Kann denn eine Frau ihr Kindlein vergessen, eine Mutter ihren leiblichen Sohn? Und selbst wenn sie ihr Kind vergessen würde: Ich vergesse dich nicht.«* (Jes 49,15).

Die Sehnsucht Gottes, eine Beziehung zu den Menschen aufzubauen, kommt aus der Liebe. Sie ist die wahre Quelle, die Gott als Führungskraft antreibt. Eine bedingungslose Liebe, der alles andere unterzuordnen ist, die wichtigste Komponente in Gottes Führungsverständnis. Gott liebt seine ersten Geschöpfe schon, bevor sie auf der Welt sind. Er sehnt sich nach dem Zusammensein mit ihnen, lange bevor er sie erschafft. Er sehnt sich danach, Geschöpfe als Gegenüber zu haben, denen er eindrucksvolle Erlebnisse und Erfahrungen schicken kann. Er möchte sie zu tiefen Gefühle führen, die die Menschen in ihrem Innersten bewegen. Er möchte, dass seine Geschöpfe echte Liebe erleben können, um sie an die ihnen anvertrauten Personen weitergeben zu können.

Gott ruft die Menschen und spricht sie direkt an, wenn er sie für sich und einen bestimmten Auftrag gewinnen will. Das geschieht in vielfacher Weise: oft im Traum, in einer Erscheinung oder einer Vision, dann wieder ganz konkret durch Boten, die die Menschen besuchen und einen Auftrag mitteilen. Das können Engel sein, die eine bestimmte Gestalt annehmen, oder auch Menschen aus Fleisch und Blut, die einer bestimmten

Person in einer bestimmten Situation etwas ausrichten sollen. Dann gibt es natürlich noch die Zeichen und kleinen Wunder, die Gott jenen, die sich ihm öffnen, als Wegweiser schickt. Gott bedient sich also vielfältiger Werkzeuge, wenn er jemanden für sich gewinnen will. Er ist auch hartnäckig und klopft immer wieder an, wenn man zögert, sich für die Beziehung mit ihm zu öffnen.

Gott wirbt um die Menschen, damit sie sich für einen Führungsprozess mit ihm öffnen, und verspricht die Fülle des Lebens denen, die sich entwickeln wollen. Dabei geht es zunächst um das irdische Leben; Anlagen sollen zur Reife gebracht und Entwicklungsschritte gegangen werden, damit Erkennen möglich wird. Wer sich darauf einlässt, dem wird der Sinn seines Lebens klar und der Auftrag im großen Plan offenbar. Gott fordert seine Menschen aber auch ordentlich. Wer einen Auftrag erfüllen will, muss sich anstrengen und bereit sein, aus seichten Gewässern auszusteigen, und sich der stürmischen See stellen. Entwicklung geht nie ohne Mut und die Bereitschaft, die eigene Bequemlichkeit zu überwinden. Jeder Entwicklungsschritt beginnt mit einem Aufbruch und erfordert Konsequenz und Durchhaltevermögen, wenn der Gegenwind stärker wird. Gott verspricht uns aber auch, dass wir gestärkt aus solchen Entwicklungsschritten herauskommen und dass er die Menschen beschützt, die sich für die Erfüllung seiner Vision einsetzen.

Gott zählt auf die Menschen. Er braucht sie für die Umsetzung seiner Vision im Diesseits. Er muss sie dafür begeistern, ihm dabei zu helfen. Er zündet in allen Menschen kleine Lichter an, bei vielen gehen diese Lichter mit der Zeit wieder aus, bei manchen wird aus diesem kleinen Licht eine großes, prächtiges, das die Seele und den Körper von innen durchflutet und wärmt. Jene Menschen, die das Licht in sich vor Wind und Unwetter schützen und ihr Leben im Diesseits Gott zur Verfügung stellen, bekommen dafür das große Geschenk, den

Sinn ihres Lebens zu erkennen und zu verstehen. Damit schafft er eine Vision, für die es sich auszahlt, sein Leben in den Dienst Gottes zu stellen.

Er bildet Menschen aus, in alle möglichen Richtungen und in allen denkbaren Berufen und Branchen, damit er dann über Auswahlmöglichkeiten verfügt, wenn es einen neuen Auftrag in seinem großen Reich zu erfüllen gibt. Dann macht er sich auf die Suche nach geeigneten Kandidaten, wirbt, schafft Interesse und klopft immer wieder an, bis dann ein Menschenkind Ja sagt und bereit ist, diese Aufgabe zu übernehmen. Er selbst gibt dazu, was diesem Menschen zur Bewältigung der Aufgabe an Erfahrung und Fähigkeit noch fehlt. Er erkennt den Mut des Menschen an, der den neuen Auftrag annimmt, und steigt mit ihm sofort in einen tiefen Führungsprozess ein.

Der große Gott im Himmel nimmt sich also uns Menschenkindern an. Ist das nicht eine großartige Botschaft? Schon die Menschen in vorchristlicher Zeit verweilten im tiefen Staunen darüber, dass da jemand ist, der alles schaffen kann und trotzdem nicht müde wird, um jedes Menschenkind zu werben, damit er mit ihm in Beziehung treten kann. In vielen Gebeten der Menschen kommt dieses Staunen zum Ausdruck. *»Was ist der Mensch, dass du an ihn denkst, des Menschen Kind, dass du dich seiner annimmst? Du hast ihn nur wenig geringer gemacht als Gott, hast ihn mit Herrlichkeit und Ehre gekrönt«* (Ps 8, 5–6).

Wer nach dem Vorbild Gottes führen will, der muss also die Menschen, die ihm anvertraut sind, in den Mittelpunkt stellen. Er ist angehalten, eine echte und tiefe Beziehung zu suchen zu denen, die er im Auftrag Gottes auf den rechten Weg bringen soll. Gott hat uns dazu befähigt. *»Gott schuf also den Menschen als sein Abbild«* (1 Mose 1,27). Er hat uns zur Liebe fähig gemacht; die Grundlage, auf der jede Beziehung aufbaut. Damit sind wir aber auch gefordert, dieses Geschenk anzunehmen und einzusetzen. Sowohl in Richtung Gottes, indem wir sein

Beziehungsangebot annehmen, als auch in Richtung der uns anvertrauten Menschen in den Führungsprozessen, in die Gott uns gestellt hat.

Der freie Wille

»Wer durstig ist, der komme. Wer will, empfange umsonst das Wasser des Lebens.« (Offb 22,17)

Im ersten Buch der Bibel lesen wir, wie Gott die Menschen erschaffen hat. Ursprünglich lebten sie im Paradies. Es fehlte ihnen an nichts. Gott umsorgte sie und stellte ihnen alles zur Verfügung, was man zu leben benötigt. Er stellt aber auch Regeln auf, an die sich die Menschen halten müssen. *»Dann gebot Gott, der Herr, dem Menschen: Von allen Bäumen des Gartens darfst du essen, doch vom Baum der Erkenntnis von Gut und Böse darfst du nicht essen; denn sobald du davon isst, wirst du sterben«* (1 Mose 2,16–17). Die Menschen nutzen aber die erstbeste Gelegenheit, um diese Regel zu brechen. Verführt von der Schlange, gibt Eva Adam den Apfel. Beide essen davon. Von nun an sind sie sterblich. Sie erkennen also auf drastische Weise, dass Handlungen der Menschen fatale Auswirkungen haben können. Ihnen wird klar, dass man sich entscheiden kann, Regeln zu brechen oder einzuhalten, und dass jede Entscheidung Auswirkungen hat. Der Mensch ist sich von da an seiner Fähigkeit bewusst, sich aus freiem Willen für das Gute oder für das Böse zu entscheiden.

Die Menschen wurden von der Schlange verführt, dem Widersacher in Gestalt eines Tieres. Wie kam der Widersacher in die Welt? In der Bibel lesen wir, dass der Teufel einst ein Engel gewesen ist. Ein besonders schöner und von Gott geliebter. Er wollte aber größer sein als Gott. Schließlich wurde er von Gott verstoßen. Jesus sagte einmal zu seinen Jüngern: »*Ich sah den Satan wie einen Blitz vom Himmel fallen*« (Lk 10, 18). Auch im Alten Testament finden wir einige Berichte darüber, wie Gott den Teufel verstoßen hat: »*Du aber hattest in deinem Herzen gedacht: Ich ersteige den Himmel; dort oben stelle ich meinen Thron auf, über den Sternen Gottes; auf den Berg der (Götter-) Versammlung setze ich mich, im äußersten Norden. Ich steige weit über die Wolken hinauf, um dem Höchsten zu gleichen. Doch in die Unterwelt wirst du hinabgeworfen, in die äußerste Tiefe.*« (Jes 14,13–15)

Der Kampf zwischen Gut und Böse ist also eine Mühsal, die die Menschen von Anfang an begleitet hat und immer noch begleitet. Es ist eine faszinierende und zugleich schreckliche Geschichte, die sich auch in unseren Tagen immer wieder abspielt. Wir hören von grausamen Taten in den Krisengebieten im Nahen Osten und in Afrika, wir erleben aber auch immer wieder Menschen, die sich dem Guten verschreiben und danach handeln.

Wie sehr dieser Kampf den Menschen in Bann nimmt, sehen wir zum Beispiel am Welterfolg der Bücher über Harry Potter. Dort wird der Kampf des Guten gegen das Böse als Kern der Geschichte in großartig geschriebenen Szenen anschaulich dargestellt. Die tiefe Sehnsucht der Menschen, dass das Gute siegen möge, wird in dieser Geschichte am Ende befriedigt. Auch wenn es lange Zeit so aussieht, als wären die Mächte der Unterwelt stärker. Damit wird auch ein Abbild dessen gezeichnet, wie sich unsere reale Welt zurzeit präsentiert. Das Böse scheint sich in weiten Teilen der Welt durchzusetzen. Es ist aber nur ein Etappensieg. Am Ende der Zeiten wird Gott den Teufel vernichten: »*Er wurde gestürzt, der große Drache, die alte Schlange, die Teufel oder Satan heißt und die ganze Welt verführt; der Drache wurde auf die Erde gestürzt und mit ihm wurden seine Engel hinabgeworfen. Da hörte ich eine laute Stimme im Himmel rufen: Jetzt ist er da, der rettende Sieg …*« (Offb 12,9–10)

Gott gibt den Menschen den freien Willen. Damit geht er ein Risiko ein, denn die Entwicklung der Beziehung zwischen ihm und seinen Menschen ist ab diesem Zeitpunkt nicht mehr kalkulierbar. Gott geht dieses Risiko aber bewusst ein. Er will keine willenlosen Marionetten als Gegenüber, sondern Menschen, die eine eigene Meinung haben und sie auch vertreten. Er will Entwicklungsprozesse und stellt sich an entscheidenden Phasen der Entwicklung als Partner zur Verfügung, auch in Konfliktsituationen. Gott hält das aus. Ein Mensch, der mit allen seinen Freuden und Sorgen zu Gott kommt, der ihn würdigt, aber auch mit ihm hadert, ist ihm viel lieber als einer, der sich erst gar nicht auf eine Beziehung mit ihm einlässt. Zum freien Willen gibt Gott dem Menschen das Gewissen als Instanz, um ihn in seinen freien Entscheidungen zu führen. Denn die guten und die bösen Mächte kämpfen in jedem von uns und wollen uns auf ihre Seite ziehen. Das Gewissen zeigt uns den richtigen Weg, wenn wir darauf hören.

Der freie Wille muss auch die Grundlage der Führungsbeziehungen sein, die wir selbst gestalten dürfen. Als Managementtrainer hatte ich vor Kurzem den Auftrag, einer Gruppe von Verkäufern den Sinn einer schriftlichen Aufzeichnung der durchgeführten Termine einer Arbeitswoche zu verkaufen. Einer war dabei, der nicht schon wieder »eine Liste ausfüllen« wollte. Ich antwortete ihm, dass unser Coachingprozess dann wohl keinen Sinn habe, und bot ihm an, beim Folgetermin nicht mehr zu erscheinen. Er nahm dieses Angebot an, und wir gingen in bestem Einvernehmen auseinander. Man kann den Menschen Angebote zu ihrer Entwicklung unterbreiten. Wenn sie die aber nicht annehmen wollen, ist diese freie Entscheidung zu respektieren. Der geführte Mensch muss dann aber auch bereit sein, mögliche Konsequenzen zu tragen.

Als Eltern müssen wir dem Kind am Beginn seines Lebens viele Entscheidungen abnehmen. Der freie Wille des Kindes kann sich erst nach und nach herausbilden. Die Aufgabe der Eltern dabei ist es, das Kind an das freie Handeln heranzuführen. Dass Kind muss dabei darauf vorbereitet werden, dass es die guten und die bösen Mächte gibt. Und dass jede Entscheidung für das Gute oder für das Böse eine Konsequenz hat. Der freie Wille bleibt und damit die Herausforderung an die Eltern, das Kind so zu formen, dass sein eigener Wille das Gute in den Mittelpunkt stellt, nicht das Böse.

Das Gewissen

»Das Gewissen des Menschen gibt ihm bessere Auskunft als sieben Wächter auf der Warte.« (Sir 37,14)

Gott hat den Menschen den freien Willen gegeben, zu tun und zu lassen, was sie wollen. Damit sind die Menschen unberechenbar geworden. Sie entscheiden selbst, wie sie bestimmte Lebenssituationen gestalten wollen. Alles ist plötzlich offen. Der freie Wille kann die liebevollsten Handlungen zur Folge haben, aber auch die bösartigsten. Damit der Mensch sich in seinem Handeln orientieren kann, gab Gott ihm die Erkenntnis, was gut ist und was böse. Außerdem stattete Gott die Menschen mit einem inneren Kontrollsystem aus, damit sie die Auswirkungen ihrer Handlungen begreifen können. Dieses System meldet sich verlässlich in uns, als Gewissen, eine Leitlinie zu einem erfüllten Leben.

Das Gewissen ist in jedem von uns. Es plagt uns, wenn wir andere verletzt haben. Es sorgt für ein Glücksgefühl, wenn wir bewusst eine Handlung getätigt haben, die jemandem zu einem Vorteil verholfen hat. Das Gewissen drängt uns, aus ethischen oder moralischen Gründen bestimmte Handlungen auszuführen oder sie zu unterlassen. Das Gewissen lässt uns verantwortungsvoll handeln. Es hilft uns, Entscheidungen im Wissen um ihre denkbaren Folgen zu treffen. Zum Gewissen, das jeder in sich spürt, kommt auch ein kollektives Gewissen, zum Beispiel der Gruppe oder Organisation, der wir angehören. Dann tragen wir als Einzelner dazu bei, die Grundeinstellungen und die Moral des Systems durch unsere Handlungen aufrechtzuerhalten.

Der Mensch ist aufgefordert, sich darin zu üben, auf das Gewissen zu hören und seine Handlungen danach auszurichten. Das geht am besten, indem man nicht spontan agiert und reagiert, sondern bewusst. Eine spontane Reaktion hat oft schon im Ursprung das schlechte Gewissen in sich, das sie bei uns auslöst. Wenn wir spontan reagieren, dann kommt der erste innere Antrieb zur Geltung. Der Automatismus, der Gleiches mit Gleichem vergelten will, sich selbst in den Mittelpunkt stellen will oder nur an den eigenen Vorteil denkt. Wer die Absicht hat, aus dem Gewissen heraus zu reagieren, der muss sich Zeit lassen mit der Handlung, bis das Gewissen ihm sagt, was jetzt zu tun ist. Nach dem Gewissen zu handeln ist also eine Tätigkeit, die man trainieren kann. Wer auf das Gewissen hört, der erkennt die richtige Handlung, die Gott in einem bestimmten Augenblick von uns will.

Das bedeutet aber nicht, dass wir unsere Handlung immer nur darauf ausrichten sollen, Harmonie zu erzeugen, und uns selbst und unsere Bedürfnisse nicht zur Geltung kommen lassen. Wir sind Führungskräfte, jeder von uns, ob in der Familie, in der Schule oder im Arbeitsleben. Und manche Situationen erfordern ein Handeln von uns, das beim Gegenüber vorerst keine Freude auslöst. Das kann ein Einlassen auf einen Konflikt sein, wenn sich jemand dadurch entwickeln kann. Es kann auch eine strenge Handlung erforderlich sein, wenn jemand ein Verbot übertreten hat. Es muss nicht nur gefördert werden, es darf und muss auch gefordert werden. Entwicklung geht eben nur über Auseinandersetzung, und dabei geht es nicht immer harmonisch zu. Trotzdem müssen auch solche Handlungen immer so weit von unserem Gewissen geleitet werden, dass wir andere in der Konfrontation nicht kränken. Dass wir den Kern der Sache treffen, ist notwendig, eine Verletzung anderer sollte damit aber nicht verbunden sein.

Genauso wie man trainieren kann, das Gewissen als Richtschnur seines Handelns zu wählen, kann man sich aber auch darin üben, nicht auf diesen inneren Antrieb zu hören. Das hat einen schleichenden Prozess zur Folge, der unser Herz immer härter werden lässt, bis uns auch die größte Not eines anderen Menschen nicht mehr rührt. Wenn wir uns an der Weisung Gottes orientieren, bleiben wir auf dem richtigen Weg. Im Buch der Psalmen finden wir dazu folgende Stelle: »*Du bist gut und wirkst Gutes. Lehre mich deine Gesetze! Stolze verbreiten über mich Lügen, ich aber halte mich von ganzem Herzen an deine Befehle. Abgestumpft und satt ist ihr Herz, ich aber ergötze mich an deiner Weisung.*« (Ps 119,68–70)

Gott selbst lässt sich aber auch von seinem Gewissen rühren. Wie in allem ist er auch in diesem Punkt als Führungskraft ein Vorbild für uns. Und er kennt selbst den Impuls, drastisch zu reagieren, wenn Menschen seine Liebe zurückweisen und ihn provozieren, indem sie die von ihm aufgestellten Regeln nicht beachten. Wenn die Menschen sich allen erdenklichen Genüssen hingeben, seine Werte mit Füßen treten, morden statt lieben und Götzen verfallen, dann kann es schon sein, dass ihm der Kragen platzt und er ganze Städte dem Erdboden gleichmacht. Die berühmte Geschichte der Zerstörung der Stadt Sodom passt hierhin. Die Bewohner der Stadt hatten sich voll und ganz von Gott und seinen Gesetzen abgewendet und gaben sich einem lasterhaften Leben hin. Gott hatte beschlossen, die Stadt zu zerstören, vorher wollte er aber zwei seiner Engel in die Stadt schicken, damit sie ihm bestätigten, dass das Leben dort so lasterhaft vor sich ging, wie es ihm zugetragen worden ist. Abraham appellierte an das Gewissen Gottes: »*Abraham aber stand noch immer vor dem Herrn. Er trat näher und sagte: Willst du auch den Gerechten mit den Ruchlosen wegraffen? Vielleicht gibt es fünfzig Gerechte in der Stadt: Willst du auch sie wegraffen und nicht doch dem Ort vergeben, wegen der fünfzig Gerechten dort? Das kannst du doch nicht tun, die Gerechten zusammen mit den Ruchlosen umbringen. Dann ginge es ja dem Gerechten genauso wie dem Ruchlosen. Das kannst du doch nicht tun. Sollte sich der Richter über die ganze Erde nicht an das Recht halten? Da sprach der Herr: Wenn ich in Sodom, in der Stadt, fünfzig Gerechte finde, werde ich ihretwegen dem ganzen Ort vergeben.*« (1 Mose 18,22–26)

Abraham handelte weiter mit Gott und fragte, was denn wäre, wenn er nur zehn gerechte Menschen in der Stadt finden würde, und Gott antworte auch diesmal, dass er die Stadt wegen der zehn Gerechten verschonen würde. Die beiden Engel gingen noch am Abend in Gestalt zweier Männer in die Stadt. Sie fanden keine zehn Gerechten, sondern nur Lot und seine Familie, die schließlich gerettet wurden. Als Lot mit den Seinen, geführt von den Engeln, aus der Stadt eilte, ließ Gott Schwefel und Feuer regnen, bis die Stadt und alles Leben in ihr vollständig vernichtet war. Obwohl Gott den Geretteten verboten hatte, sich umzudrehen und das Schauspiel anzusehen, konnte Lots Frau der Versuchung nicht widerstehen. Sofort erstarrte sie zu einer Salzsäule.

Gott hatte sich also rühren lassen. Abraham appellierte an sein Gewissen, und Gott ging in Verhandlung mit ihm. Man spürt in diesem Text förmlich den Wunsch Gottes, es möge sich doch eine Möglichkeit finden, damit er die Strafe nicht durchführen muss. Aber es gab keinen Ausweg. Er musste handeln.

Gott hat uns also das Gewissen gegeben, damit es uns den rechten Weg zeigt. Jeder Mensch kann sich daran in seiner

Entwicklung orientieren und sein Gewissen als Grundlage der Führungsprozesse wählen, die ihm anvertraut sind. Das Gewissen hat immer recht, es gibt uns Auskunft darüber, was zu tun ist, eindeutiger und klarer als die »Wächter auf der Warte«.

Die Gerechtigkeit

»Herr, du bist gerecht und deine Entscheide sind richtig. Du hast deine Vorschriften erlassen in Gerechtigkeit und in großer Treue ... deine Vorschriften sind auf ewig gerecht. Gib mir Einsicht, damit ich lebe.« (Ps 119,137–144)

Die Gerechtigkeit, von der hier die Rede ist, bezieht sich auf das »Rechte« und das »Natürliche«, das zu tun ist. Das gilt sowohl für den einzelnen Menschen, sein Handeln, seine Art zu leben, als auch für die Beziehungen der Menschen untereinander. Dafür hat Gott uns Vorschriften erlassen. Und jeder, der sich daran hält, erlangt das wahre Leben. Die Einsicht müssen wir von Gott erbitten, damit wir ein gerechtes Leben erlangen können. Am Ende des Lebens wird es eine Einschätzung Gottes geben, ob wir uns bemüht haben, ein gerechtes Leben zu führen. Dann dürfen wir darauf hoffen, dass die Gnade und die Barmherzigkeit Gottes uns jenes Handeln verzeiht, das sich nicht an seinen Vorschriften orientiert hat.

Gerechtigkeit als Baustein göttlicher Führungsarbeit bedeutet also, dass Gott dem Menschen mitteilt, was das Rechte ist, und ihn auffordert, danach zu handeln. Er selbst bietet dem Menschen Gerechtigkeit an in dem Sinn, dass er ihm die Treue zusagt und die Verlässlichkeit und sein rettendes und heilschaffendes Handeln. Gott sieht sich selbst also dann als rechte Führungskraft an, wenn er sich an diese Zusagen hält. *»Herr, deine Güte reicht, so weit der Himmel ist, deine Treue, so*

weit die Wolken ziehn. Deine Gerechtigkeit steht wie die Berge Gottes, deine Urteile sind tief wie das Meer. Herr, du hilfst Menschen und Tieren.« (Ps 36,6–7)
Was ist nun das Rechte, das Gott vom Menschen fordert? Das Wichtigste ist die Führung der anvertrauten Menschen von Kindesbeinen an. Die Form, die er sich dafür vorstellt, ist die Familie. Schon im ersten Buch Mose spricht er davon, dass Mann und Frau ein Fleisch werden sollen, um neues Leben zu schaffen. Gott hat die Ehe geheiligt, die Beziehung zwischen Mann und Frau, aus der Leben entwickelt und zur Reife geführt werden soll. Die Familie soll also die Keimzelle der Gesellschaft bilden. Wenn wir uns heutige Formen des Zusammenlebens ansehen, dann stellen wir fest, dass wir von dieser eindeutigen Vorstellung Gottes zum Teil sehr stark abdriften. Die Familie hat in unserer Gesellschaft an Wert verloren. Damit stellen wir uns aber gegen den Willen Gottes.

Das Rechte zu tun heißt auch, sich den Herausforderungen des täglichen Lebens zu stellen. Wir sind aufgefordert, unser Tagewerk zu verrichten. *»Lässige Hand bringt Armut, fleißige Hand macht reich. Wer im Sommer sammelt, ist ein kluger Mensch; in Schande gerät, wer zur Erntezeit schläft.«* (Spr 10,5) Die Arbeit ist also ein wichtiger Bestandteil eines gerechten Lebens. Wir sind angehalten, das zu tun, was getan werden muss. Das »Natürliche« will getan werden. Im Märchen von Frau Holle wird das sehr anschaulich ausgeführt. Das fleißige Mädchen macht von sich aus, was zu tun ist. Es nimmt das Brot aus dem Ofen, es schüttelt die reifen Früchte vom Apfelbaum und sammelt sie ein. Es hilft der Frau Holle, die Betten zu schütteln. Damit nimmt es die Arbeit an, die ihm angeboten wird. Es erledigt, was von ihm gefordert wird. Das faule Mädchen dagegen macht gar nichts. Am Schluss wird das fleißige Mädchen mit Gold belohnt und das faule mit Pech überschüttet. Das Gold im übertragenen Sinne dürfen wir auch von Gott erwarten, wenn wir die Aufgaben wahrnehmen und im rechten Sinne ausführen. Arbeit muss aber immer auch im rechtem Maß geschehen. Zu viel führt zur Überforderung, zu wenig davon führt uns in den Müßiggang, ein Zustand, der nur scheinbar zufrieden macht.

Wer ein gerechtes Leben führen will, dem wird es auch nicht egal sein, wie es anderen geht. Auch wenn wir uns in einer Wirtschafkrise befinden und es vielen Menschen schlecht geht, leben wir vergleichsweise noch immer im Überfluss. Wir können uns kaum vorstellen, wie es sein muss, wenn Menschen nicht einmal das Nötigste zum Leben haben. Natürlich kann keiner von uns die ganze Welt verbessern. Aber ein bisschen Gerechtigkeit kann man schaffen, indem man etwas dazu beiträgt, das Elend vieler Menschen zu lindern.

Das rechte Handeln hat in allen Beziehungen, in denen wir stehen, eine Bedeutung. Die Fragen, die wir uns dabei stellen müssen, lauten: Wie gehen wir mit anderen um? Sind wir bereit, den anderen als Geschenk Gottes zu erkennen? Auch dann, wenn wir ganz andere Ansichten vertreten und anscheinend nicht miteinander zurechtkommen? Jeder Kontakt mit einem anderen Menschen ist eine Lernchance für uns und eine Herausforderung, uns zu entwickeln. Es kann nicht recht sein, Beziehungen, in die uns Gott hineingestellt hat, leichtfertig aufzugeben. Dabei denke ich vor allem an die Ehe. Es ist gerecht, immer wieder einen Weg zueinander zu suchen, auch wenn man sich in scheinbar ausweglosen Situationen befindet. Und wenn wir selbst nicht mehr weiterwissen, dann kann die konkrete Bitte an Gott helfen: »Vater im Himmel, ich weiß jetzt nicht weiter, übernimm jetzt bitte du das Handeln.« Natürlich gibt es auch Beziehungen, die einfach nicht mehr zu retten sind und tatsächlich scheitern. Wenn alles getan worden ist und ein Paar trotzdem nicht mehr den Weg zueinander findet, ist die Trennung wohl der einzige Ausweg. Dann sind

Handlungen wichtig, die von der Liebe für die gemeinsamen Kinder getragen werden und das Wohl der Kinder in den Mittelpunkt stellen.

Wenn wir danach streben, das Rechte zu tun, müssen wir uns immer mit Gott in Beziehung setzen. Denn der auf sich allein gestellte Mensch kann den Willen Gottes nicht erfüllen – auf sich allein gestellt scheitert der Mensch im Bemühen um Gerechtigkeit. *»Denn in meinem Innern freue ich mich am Gesetz Gottes, ich sehe aber ein anderes Gesetz in meinen Gliedern, das mit dem Gesetz meiner Vernunft im Streit liegt und mich gefangen hält im Gesetz der Sünde, von dem meine Glieder beherrscht werden.«* (Röm 7,22–23)

Für das rechte Leben hat Gott uns die Zehn Gebote mitgegeben. Dort wird sehr genau aufgelistet, wie ein Leben gelingen kann. Wir können uns bemühen, nach diesen Idealen zu streben, auch wenn wir schon von vornherein wissen, dass wir sie nie ganz erreichen werden. Der Mensch, der sich bemüht, sich selbst infrage stellt und bereit ist, sich weiterzuentwickeln, muss die Gerechtigkeit Gottes nicht fürchten. Und Gott rechnet ja auch damit, dass uns nicht alles gelingt und dass wir immer wieder ungehorsam gegenüber seinen Vorschriften sind und vom rechten Weg abkommen. *»Gott hat alle in den Ungehorsam eingeschlossen, um sich aller zu erbarmen.«* (Röm 11,32)

Gott hat dem Menschen Regeln gegeben, die er einhalten soll, um ein gelingendes Leben auf Erden zu erlangen und sich das Recht auf das Himmelreich zu erwerben. Jeder von uns spürt in sich, was das Rechte ist, das wir tun sollen. Das reine Gute werden wir in unserem irdischen Leben nicht erreichen, aber das Streben danach ist es, das Gott von uns verlangt. Was passiert nun, wenn sich der Mensch so gar nicht an Gottes Weisung hält? Wenn die Zehn Gebote für ihn als Richtschnur für sein Leben keine Bedeutung haben? Wenn er keine Beziehung zu Gott sucht, ihn vielleicht sogar leugnet? Wenn er selbst Gott sein will und nicht sich zufrieden damit gibt, nur ein Geschöpf Gottes zu sein? Der Mensch kommt dann vom rechten Weg ab. Er findet in seinem Leben keinen Sinn. Er will das Irdische bis zum Letzten auskosten, weil es für ihn keine Hoffnung gibt, dass er zu etwas Besserem bestimmt ist als zum Tod. Sein Herz wird hart, er sieht nur mehr auf seinen Vorteil und orientiert sich an der Vermehrung der irdischen Güter. »*Die Güte eines Menschen kommt ihm selbst zugute, der Hartherzige schneidet sich ins eigene Fleisch. Der Frevler erzielt trügerischen Gewinn, wer Gerechtigkeit sät, hat beständigen Ertrag. Wer in der Gerechtigkeit fest steht, erlangt das Leben, wer dem Bösen nachjagt, den Tod.*« (Spr 11,17–19)

Hier ist nicht der physische Tod gemeint, sondern ein Leben, das tot ist, weil es auf nichts Größeres zustrebt. Wer so ein Leben führt, straft sich selbst. Die Strafe im göttlichen Führungsprozess ist also nicht von Gott aus auf den Menschen gerichtet, es ist der Mensch selbst, der sich straft, wenn er sich von Gott entfernt und das Angebot Gottes, geliebt, geführt und entwickelt zu werden, ablehnt.

Die Barmherzigkeit

»*Ich will aufbrechen und zu meinem Vater gehen und zu ihm sagen: Vater, ich habe mich gegen den Himmel und gegen dich versündigt. Ich bin nicht mehr wert, dein Sohn zu sein; mach mich zu einem deiner Tagelöhner. Dann brach er auf und ging zu seinem Vater. Der Vater sah ihn schon von weitem kommen und er hatte Mitleid mit ihm. Er lief dem Sohn entgegen, fiel ihm um den Hals und küsste ihn*« (Lk 15, 18–20).

Im Gleichnis vom verlorenen Sohn wird ein Vater beschrieben, der einen seiner Söhne fast schon abgeschrieben hatte. Es handelt sich um den älteren Sohn, der sich sein Erbteil auszahlen ließ und sich aufmachte, es zu verprassen. Schließlich blieb nichts mehr davon übrig. Er fiel in tiefe Not, musste Hunger leiden und hatte kein Dach mehr über dem Kopf. Der Sohn fiel in tiefe Reue. Er wusste, dass er nicht recht gehandelt hatte, und war bereit, für sein Verhalten zu büßen. So machte er sich wieder auf zu seinem Vater, ohne zu wissen, was ihn dort erwartete. Würde der Vater ihn überhaupt noch beachten? Der Vater aber lief ihm entgegen und umarmte ihn. Wir können uns die Erleichterung und tiefe Dankbarkeit vorstellen, die sein Sohn in diesem Augenblick empfunden hat.

Das Gleichnis zeigt uns, dass wir immer darauf hoffen dürfen, dass Gott uns entgegenläuft, wenn wir gesündigt haben und bereit sind, umzukehren. Voraussetzung dafür ist eine echte Reue und das Einsehen, dass wir uns alles andere als richtig verhalten haben. *»Denn der Herr, dein Gott, ist ein barmherziger Gott. Er lässt dich nicht fallen und gibt dich nicht dem Verderben preis und vergisst nicht den Bund mit deinen Vätern, den er ihnen beschworen hat«* (5 Mose 4, 31).

In diesem Gleichnis ist auch von dem jüngeren Sohn die Rede. Der hatte sich während der Abwesenheit seines Bruders durch harte Arbeit am Hof verdient gemacht und versteht nicht, dass der Vater den verlorenen Sohn wieder so ohne Weiteres bei sich aufnimmt. Sogar ein Freudenfest lässt der Vater ausrichten, während der jüngere Sohn vom Vater als Lohn für seine harte Arbeit noch nicht einmal einen Ziegenbock geschenkt bekommen hatte, um mit seinen Freunden ein Fest zu feiern. *»Der Vater antwortete ihm: Mein Kind, du bist immer bei mir, und alles, was mein ist, ist auch dein. Aber jetzt müssen wir uns doch freuen und ein Fest feiern; denn dein Bruder war tot und lebt wieder; er war verloren und ist wiedergefunden worden«* (Lk 11, 31–32).

Gott erwartet von uns Menschen, dass wir ein rechtes Leben in seinem Auftrag und nach seinen Regeln führen. So wie es der jüngere Sohn am Hofe seines Vaters getan hat. Dafür müssen wir aber nicht extra gelobt werden. Das Lob kommt von selbst aus dem Gefühl heraus, dass wir auf dem richtigen Weg sind, und aus der Freude, wenn wir uns mit dem Willen des Schöpfers im Einklang befinden. Gott erwartet von uns, dass wir etwas schaffen in diesem Leben: Er traut es uns auch zu und hilft mit, wenn wir ihn darum bitten. Der Lohn dafür, dass sich der Mensch am Willen Gottes orientiert, wird ihm im Übermaß zuteilwerden, weil er dafür das ewige Leben erlangt.

Gott geht es also um das eine verlorene Schaf, das er sucht und finden will. Das mag denen, die glauben, ein rechtes Leben zu führen, ungerecht erscheinen. Jesus sagt dazu: »*Nicht die Gesunden brauchen den Arzt, sondern die Kranken. Ich bin gekommen, um die Sünder zur Umkehr zu rufen, nicht die Gerechten*« (Lk 5, 31–32).

Jeder, der die Herausforderungen des Lebens annimmt und handelt, darf darauf hoffen, dass er bei Gott Gefallen findet. Und selbst wenn das Ergebnis des Handelns nicht dem entspricht, was Gott sich erwartet hatte, so kann es gut sein, dass er den Willen für das Werk gelten lässt. Solange der Mensch die Absicht hat, die Gebote Gottes zu halten und sich zu entwickeln, darf er auf Gottes Barmherzigkeit hoffen, wenn etwas schiefgeht. Voraussetzung ist immer die Reue und das feste Vorhaben, es in Zukunft besser zu machen.

Eng verbunden mit der Barmherzigkeit ist das Verzeihen. Ohne Verzeihen gibt es keinen Neuanfang. Ein Mensch, der nicht verzeihen kann, ist selbst immer unfrei, weil er emotional von Ereignissen blockiert ist, in denen ihm Unrecht geschehen ist. Für Führungsbeziehungen ist das Verzeihen eine wichtige Komponente, wenn sie gelingen sollen. Ein anvertrauter Mensch, der uns verletzt hat, hat das Recht darauf, dass ihm verziehen wird, wenn er sein Fehlverhalten einsieht. Er hat das Recht auf ein echtes Verzeihen, ein Auslöschen des Ereignisses. Unechtes Verzeihen wärmt ein solches Ereignis immer wieder auf und blockiert die Entwicklung einer Führungsbeziehung.

Wir kennen das nur allzu gut aus eigener Erfahrung, wenn wir jemandem immer wieder Ereignisse und Handlungen vorwerfen, die schon lange keine Bedeutung mehr haben. Nicht nur in Führungsbeziehungen. Ganz oft kommt diese Art des Umgangs miteinander in Partnerschaften vor. Wie wollen wir aber in der Entwicklung der Beziehung mit unserem Partner weiterkommen, wenn wir immer nur in der Vergangenheit hängen bleiben?

Barmherzigkeit in der Führungsbeziehung heißt, dass man jemanden wertschätzt, auch wenn ein Ergebnis nicht so eingetreten ist, wie man es sich erhofft hat. Wenn der Wille erkennbar war und etwas trotzdem nicht so gelungen ist wie erwartet. Das gilt für die Schulnote eines Kindes genauso wie für die Verkaufsergebnisse eines der Führungskraft unterstellten Verkäufers. Wenn die Ergebnisse nicht den Erwartungen entsprechen, hat es keinen Sinn, sich emotional zu äußern und möglicherweise auch noch verletzend zu sein. Wenn die Ergebnisse nicht passen, muss der Weg analysiert werden, der dazu geführt hat. An irgendeiner Stelle muss die anvertraute Person vom rechten Weg abgekommen sein, sonst wären die Ergebnisse besser gewesen. Es gilt dann, sich gemeinsam hinzusetzen und eine entsprechende Entwicklung einzuleiten.

Die Barmherzigkeit ist also ein wichtiger Baustein in einem gelingenden Führungsprozess. Wir sollten nach dem Beispiel Gottes handeln. Für uns selbst dürfen wir jedenfalls auf die Barmherzigkeit Gottes hoffen: »*Das Erbarmen des Menschen gilt nur seinem Nächsten, das Erbarmen des Herrn allen Menschen. Er weist zurecht, erzieht und belehrt und führt wie ein Hirt seine Herde zurück. Glücklich alle, die auf sein Erbarmen hoffen und seine Gebote annehmen*« (Sir 18, 13–14).

Die Zeichensprache

»*Der Herr sprach noch einmal zu Ahas; er sagte: Erbitte dir vom Herrn, deinem Gott, ein Zeichen, sei es von unten, aus der Unterwelt, oder von oben, aus der Höhe.*« (Jes 7,10–11)

Seit meinem ersten Aufenthalt im Kloster im Jahre 2008 habe ich mir auf meinem PC eine Datei mit dem Namen »Zeichensprache« angelegt. Darin halte ich Lernsituationen, Eindrücke und Erlebnisse fest, die mir an Weggabelungen eine Richtung gezeigt haben. Oft finde ich Zeichen in der Natur – am Himmel oder auf der Erde –, die mir in einem bestimmten Augenblick etwas zu sagen haben. Manchmal sind es Hinweisschilder, Aufschriften oder Ankündigungen, die mir plötzlich eine Antwort geben, wenn ich mit einer Frage unterwegs bin. Manchmal zeigen mir Menschen eine Entwicklungsmöglichkeit, indem sie mich direkt darauf ansprechen, ohne daran zu denken, dass sie in diesem Augenblick Führungsarbeit leisten. Die großen und kleinen Wunder, die ich in solchen Begebenheiten erleben durfte, füllen inzwischen schon viele Seiten.

Im Erkennen und Deuten von Zeichen konnte ich mir in den letzten Jahren eine gewisse Routine aneignen. Man muss davon ausgehen, dass Zeichen nur begrenzte Möglichkeiten haben, sich zu zeigen, und dass deswegen oft auch ein kleines Rätsel zu lösen ist, bevor man die Botschaft Gottes versteht. Manchmal werden einem komplexe Situationen geschickt, die sich über einen längeren Zeitraum hinziehen, in denen sich Gott nicht nur einem selbst zeigt, sondern auch Personen, die einem nahestehen. Ein besonders schönes Beispiel möchte ich hier erwähnen:

Das Gute siegt

Ich joggte am frühen Abend von unserem Hotel aus in Richtung der kleinen Stadt. Wie immer hatte ich vor, bis zum Leuchtturm am Ende der Mole zu laufen und dort wieder umzukehren. Unterwegs traf ich auf Leute, die zum Himmel starrten. Es schien so zu sein, dass sich dort oben, hinter mir, ein besonderes Schauspiel zeigte. Ich blickte mich aber nicht um, sondern konzentrierte mich auf den Weg. Als ich am Leuchtturm ankam und den Rückweg antrat, sah ich, was die Menschen so fasziniert hatte. Am Himmel war eine riesige Wolke zu sehen, die die Form einer Teufelsfratze angenommen hatte, klar umrissen, dunkel und bedrohlich. Die Wolke veränderte sich nicht, und die Menschen blickten noch immer gebannt nach oben, während ich auf dem Rückweg war. Erst als ich wieder am Hotel ankam, begann sich die Wolke langsam aufzulösen.

Am nächsten Tag hatte meine Tochter Lust darauf, mit mir am Strand ein Kunstwerk aus Sand zu bauen. Wir formten eine große, prächtige Kathedrale. Ich beobachtete aus den Augenwinkeln die Menschen, die am Strand entlangspazierten. Kaum jemand kam an unserem Kunstwerk vorbei, ohne es im Stillen zu würdigen. Manche blieben sogar stehen, andere gingen erst daran vorbei und warfen dann einen diskreten Blick nach hinten auf unser Kunstwerk.

Plötzlich verfinsterte sich der Himmel, ein heftiges Gewitter kündigte sich an. Binnen Minuten war der Strand menschenleer. Ich beobachtete mit meiner Frau und meiner Tochter von unserem Hotelzimmer aus das weitere Geschehen. Ein heftiger Sturm kam auf. Gelber Dunst legte sich über den Strand; wir sahen, wie die Sonnenschirme und Liegen wie Spielzeug abhoben und vom Sturm davongetragen wurden. Meine Tochter war traurig, weil das heftige Unwetter dabei war, unsere schöne Kathedrale zu zerstören.

So schnell, wie es gekommen war, zog das Gewitter wieder ab. Die Sonne war wieder da, wir gingen an den Strand und beobachteten die Zerstörung, die dieses Unwetter angerichtet hatte. Das Hotelpersonal war mit den Aufräumarbeiten beschäftigt, *und meine Tochter und ich gingen zu dem Strandabschnitt, an dem wir die Kathedrale errichtet hatten. Da stand sie immer noch, sie war schöner als vorher. Der Regen und der Sturm hatten die Fassade des Gotteshauses umgestaltet, wir bewunderten die Verzierungen, die durch die Aufweichung des Sandes entstanden waren. Aus einem schlichten romanischen Bauwerk hatte sich ein prächtiges gotisches entwickelt. Meine Tochter stand mit großen Augen staunend davor.*

Es faszinierte mich, mein Kind zu beobachten, in dem Augenblick, als sie wohl Gott ganz nahe gewesen ist. Und es erfüllte mich mit Freude, dass ich diesen Moment mit ihr teilen durfte. Gott hatte unsere Kathedrale also vor dem Angriff des Bösen gerettet und unser kleines Kunstwerk vollendet. Auch meine Frau war von diesem Zeichen angetan.

Ich erlebe auch immer wieder Zeichen des Himmels, die so deutlich sind, dass es keiner Interpretation mehr bedarf, um sie voll und ganz zu verstehen. Dann staune ich jedes Mal voll Dankbarkeit, dass Gott so direkt in mein Leben eingreift und mich führt. Folgendes Beispiel möchte ich hier anführen:

Die fehlenden Bausteine

Ich arbeite schon seit Tagen am vierten Kapitel dieses Buches. Bausteine göttlicher Führungsarbeit. Die Liebe, die Ordnung, die Schriften, die Regeln ... Insgesamt habe ich 15 Bausteine gefunden und ausgearbeitet. Und doch lässt mich das Gefühl nicht los, dass noch Wesentliches fehlt. Ich habe aber keine konkrete Vorstellung und bitte Gott um Hilfe.

An diesem Abend gehe ich in den Klagenfurter Dom, um an der Maiandacht teilzunehmen. Mein Freund Peter, der Dompfarrer, gestaltet die Maiandachten besonders schön. Häufig hält ein externer Pfarrer eine Predigt, heute ist es ein Franziskanerpater. Er erscheint auf der Kanzel und beginnt seine Predigt mit dem Titel

»Hindert Gerechtigkeit die Barmherzigkeit?«. Ich bin elektrisiert und erkenne sofort, dass der Pater über genau jene wichtigen Bausteine göttlicher Führungsarbeit spricht, die mir gefehlt haben: Gerechtigkeit und Barmherzigkeit. So naheliegend, aber ich bin einfach nicht darauf gekommen.

Hat Gott nun wirklich so direkt in mein Leben eingegriffen? Ist das, was ich eben erlebt habe, nur das Produkt eines Zufalls? Wie ist groß ist die Wahrscheinlichkeit, dass ein derartiges Ereignis eintritt? Nein, für mich ist das kein Zufall, für mich ist es ein Ausdruck göttlicher Führung, den ich dankbar und staunend annehme.

Ich nehme einen Block zur Hand und schreibe ein paar Gedanken aus der Predigt mit. Später bin ich noch zum Abendessen eingeladen, ich sitze zwischen dem Dompfarrer und dem Franziskanerpater. Ich bitte den Pater, mir einzelne Punkte der Predigt zu verdeutlichen. Der Dompfarrer mischt sich ein und sagt zu dem Pater mit einem Lächeln: »Pass auf, was immer du jetzt sagst, findest du möglicherweise demnächst in einem Buch von Karl.« Genau so ist es nun gekommen.

Gott hat meine Bitte erhört und mir den rechten Weg gezeigt. Der Glaube daran, dass so etwas möglich ist, und die konkrete Formulierung der Situation, in der ich seinen Beistand benötigte, waren dafür die Voraussetzung.

In den letzten Jahren habe ich es mir angewöhnt, bewusst nach Zeichen zu suchen, die mir meinen Weg zeigen. Ich bitte um Hilfe bei Entscheidungen, ich suche den Ausweg aus schwierigen Situationen in der Bildsprache in meiner Umgebung, ich suche nach Botschaften, die für mich bestimmt sind, und Erkenntnissen, ob die Richtung stimmt, die ich eingeschlagen habe. Gott führt uns durch die Zeichensprache, manchmal ganz leise und verschlüsselt, manchmal ganz laut, damit wir die für uns bestimmten Botschaften ja nicht überhören.

Die Menschen

»Fehlt es an Führung, kommt ein Volk zu Fall, Rettung ist dort, wo viele Ratgeber sind.« (Spr 11, 14)

Gott schickt den Menschen unfertig auf die Welt. Das kleine Wesen ist darauf angewiesen, dass es in ein Umfeld geboren wird, in dem es angenommen wird. Es gilt, seine physiologischen Bedürfnisse zu erfüllen und den Prozess der psychischen und geistigen Entwicklung anzugehen. In dieser frühen Entwicklungsphase des Menschen sind die Eltern gefordert, das Kind als Geschenk Gottes anzunehmen, stellvertretend für Gott einen Reifungsprozess einzuleiten und es auf den Ruf Gottes für die Wahrnehmung der ihm bestimmten Aufgabe in seinem Leben vorzubereiten. Das Kind muss Vertrauen erwerben. Zuerst zu den Eltern, indem es erlebt, dass es von der Mutter und dem Vater nicht im Stich gelassen wird. Aber auch das Vertrauen zu Gott muss gelernt werden. Das geschieht durch das Vorbild der Eltern. Dann erkennt das Kind, dass es anscheinend noch etwas Größeres gibt, dem die Eltern vertrauen. Die Eltern sind also die ersten Bezugspersonen, die dem Kind von Gott geschickt werden. Damit wird ihnen die große Aufgabe übertragen, zu führen und zu entwickeln, was Gott ihnen anvertraut hat.

Das Kind wird zu einem bestimmten Zeitpunkt, an einem bestimmten Ort in ein soziales Netz von Eltern, Geschwistern und Verwandten hineingeboren. Alle diese Menschen sind von Gott aufgefordert, immer daran zu denken, dass sie sich im Umgang mit dem kleinen Wesen in einem Führungsprozess befinden. Das Kind lernt durch Vorbilder, es kann schon sehr früh in seinem Leben erkennen, was die Handlungen und Interaktionen der Menschen in seinem Umfeld antreibt. Wenn die Beziehung zu Gott in seinem Umfeld ein Thema ist, dann wird es selbst darauf vorbereitet, später in eine bewusste Beziehung mit Gott einzutreten. Die Grundlage dafür ist, das Kind von Anfang an die göttliche Ordnung heranzuführen. Schon das kleine Kind ist offen dafür, aufzunehmen, was ihm vorgelebt wird. Es hört zu, beobachtet und lernt dabei. In der direkten Ansprache durch die Menschen aus seinem Umfeld bekommt es ein Gefühl dafür, was es darf und was es nicht darf. Es lernt also, Regeln zu erkennen, und spürt die Auswirkungen davon, wenn es sich an Regeln hält oder wenn es sie überschreitet.

Die Bezugspersonen im Kindergarten und später in der Schule sind ebenfalls gefordert, daran zu denken, dass sie in der Beziehung zu ihren Schützlingen von Gott eine besondere Aufgabe bekommen haben. Sie sind auserwählt worden, junge Menschen an das bewusste Erleben der Schöpfung heranzuführen und ihnen zu helfen, den Platz zu erkennen, der für einen bestimmten jungen Menschen in diesem großen Plan vorgesehen ist. Der Religionsunterricht hat dabei eine entscheidende Bedeutung. Wenn die Kinder dort behutsam an das große Geheimnis der Schöpfung herangeführt werden, dann ist ein tragfähiges Fundament gelegt. Wenn die Eltern und Verwandten diesen Impuls verstärken, dann kann in dem kleinen Menschen etwas wachsen und reifen, das einmal in einer tiefen Beziehung zu Gott mündet.

Es sind also die Menschen im sozialen Umfeld eines Kindes, die von Gott aufgefordert sind, sich für den Reifungsprozess des Kindes verantwortlich zu fühlen. Gott schickt uns aber auch immer wieder scheinbar zufällige Begegnungen mit Menschen, die den Auftrag erhalten haben, uns etwas mitzuteilen. Wir erleben dann, dass uns jemand, den wir nicht kennen, eine Rückmeldung zu unserem Verhalten in einer bestimmten Situation gibt, die uns in unserer Entwicklung weiterbringen soll. Oft sind wir es auch selbst, die so einen Auftrag erhalten. Plötzlich drängt es uns, in eine Interaktion zu treten.

Ich betrat den Aufzug in einem Seminarhotel und wollte vom Erdgeschoss aus in den vierten Stock hinauffahren, in dem sich mein Zimmer befand. Der Lift fuhr aber zuerst nach unten. Ein gestresster Manager stieg ein. Wir fuhren nach oben, und der Lift hielt wieder im Erdgeschoss, obwohl niemand aus- oder einsteigen wollte. Der Manager sah mich an und schimpfte darüber, dass die Lifte in vielen Hotels so programmiert sind, dass sie immer automatisch im Erdgeschoss halten. Ich erwiderte lächelnd, dass diese Tatsache kein Grund sei, sich aufzuregen, und riet ihm, seine Nerven zu schonen. »Ja, wenn Sie meinen«, sagte er und lächelte ebenfalls.

Das Beispiel ist eines von vielen gleichartigen, die jeder von uns immer wieder erlebt. Entweder sind wir dabei der Lernende oder der Lehrer. Die beschriebene Situation ist gewiss nicht besonders spektakulär, darum geht es aber auch gar nicht. Es sind gerade die scheinbar belanglosen Alltagsbeispiele, die in diesem Zusammenhang gemeint sind. Dieser Manager ging ganz offensichtlich sehr gestresst durch sein Leben, und vielleicht schickt Gott ihm auch noch andere Menschen in anderen Situationen, die ihn lehren sollen, die Dinge des Alltags anzunehmen, damit seine Energie nicht im Belanglosen gebunden bleibt.

Gott schickt uns aber auch Menschen, die uns in bestimmten Situationen helfen sollen, die richtige Abzweigung auf unserem Lebensweg zu nehmen, oder die uns bestärken, dass wir schon auf dem richtigen Weg sind. Oft werden auch dafür Menschen eingesetzt, die uns nicht bekannt sind.

Unterwegs beim Joggen sah ich einen älteren Mann, der an einer Lichtung stand und Fitnessübungen durchführte. Mehrere Runden lief ich an diesem Tag um den kleinen See durch den Wald, und immer wieder sah ich dem alten Mann im Vorbei-

laufen bei seinen Übungen zu. Er lächelte mich jedes Mal an. In der letzten Runde blieb ich stehen, und wir fingen ein Gespräch an. Ich erzählte ihm, dass ich Verkaufstrainer bin, und teilte ihm auch meine Annäherung an die Benediktsregel mit. Dann begann er lautstark zu schimpfen, mit deutlichen Worten zog er über die Wirtschaft her, die die Menschen seiner Ansicht nach nur ausbeutet. Genauso schimpfte er aber auch über die Kirche, die nur noch durch Skandale in der Öffentlichkeit auffalle. Anscheinend war er aber ein gläubiger Mensch. Auf Gott ließ er nichts kommen, mit seinen Vertretern auf Erden war er ganz und gar nicht zufrieden. Als er sich wieder beruhigte, erzählte ich ihm, dass ich vorhatte, die göttliche Ordnung als Trainer in die Wirtschaft zu bringen. Plötzlich war er ganz still. Er dachte nach und sagte dann: »Das ist aber ein sehr großes Vorhaben. Wenn Sie das wirklich angehen wollen, werde ich für Sie beten.« Ich fühlte mich bestärkt, seine Worte waren für mich ein Licht in dem Entscheidungsprozess, in dem ich mich gerade befand. Später bin ich diesen Weg dann tatsächlich gegangen, und ich hoffe, dass der alte Mann heute noch für mich betet.

Gott meint es gut mit uns. Er schickt uns Menschen, die uns auf unseren Wegen führen. Die Entscheidung, ob wir auf Botschaften hören wollen, liegt natürlich immer bei uns selbst.

Die Lernsituationen

»Der Weise höre und vermehre sein Wissen, der Verständige lerne kluge Führung, um Sinnspruch und Gleichnis zu verstehen, die Worte und Rätsel der Weisen.« (Spr 1,5–6)

Gott will, dass wir uns entwickeln. Er schickt uns ständig Lernsituationen, in denen wir erproben können, wie weit wir schon sind auf dem Weg der Reifung. Und er schickt uns auch Menschen, die uns in solchen Situationen Rückmeldungen geben, damit wir wissen, wo wir stehen. Was im Leben gelernt werden soll, gibt erst dann Ruhe, wenn es gelernt ist. Oft werden Entwicklungsprozesse im Laufe eines Lebens nicht vollendet und dann auf die nächste Generation übertragen, bis sie endlich durchlebt und damit aufgelöst sind.

Die Lernsituationen, die Gott uns schickt, sind auf das Leben einer Person und ihre Entwicklung bezogen. Dabei geht es darum, jene Aspekte der Persönlichkeit zuzulassen und zur Reifung zu bringen, die sich bisher noch nicht entfalten konnten. Durch die Erfahrungen und Erlebnisse, die sich dem Menschen von Kindheit an einprägen, zeichnet er für sich ein Lebenskonzept, in dem er sich zurechtfindet. Situationen, die er mit angenehmen Gefühlen verbindet, werden gesucht, andere vermieden. Entwicklung findet aber nur statt, wenn der Mensch an diese Grenzen herangeht, sich bewusst auf solche Situationen einlässt, um daran zu reifen. Dabei geht es um klassische Lernfelder wie Lieben, Vertrauen, Zulassen und Loslassen, Fördern und Fordern, Erkenntnisse gewinnen und weitergeben oder Loben und Tadeln. Ein Mensch, der nicht lernt, seinen Mitmenschen zu vertrauen, wird immer von Angst getrieben sein. Ein Mensch, der seine Kinder zu sehr festhält und nicht lernt, sie loszulassen, der wird auch am Ende seines Lebens nicht in Frieden gehen können. Wer nicht delegieren kann, wird immer alles selbst tun müssen; wer Erfahrung und Erkenntnis nicht weitergibt, nimmt anderen Menschen Lernchancen. Wer nicht lernt, konstruktiv mit Lob und Tadel umzugehen, kann sich selbst nicht im Spiegel anderer entwickeln und anderen nicht als Spiegelbild für deren Entwicklung dienen.

Ich selbst hatte eine große Herausforderung zu bewältigen. Gott schickte mir eine Lernsituation, die mich an meine Grenzen brachte. Er hatte mich vor einiger Zeit in ein Kloster geschickt und mir den Weg gezeigt, sich ihm zu öffnen. Nun wollte er anscheinend überprüfen, wie tief das Vertrauen inzwischen gewachsen war, das ich zu ihm entwickelt hatte. Außerdem wollte er mich lernen lassen, worauf es in einer Partnerschaft zwischen Mann und Frau im Wesentlichen ankommt.

Ich lag in meinem Bett auf der Herzstation des allgemeinen Krankenhauses in Wien. Für den nächsten Tag war meine Herzoperation geplant, die notwendig geworden war, nachdem sich ein Teil der Aorta ausgeweitet hatte. Eine solche Operation ist ein sehr großer Eingriff, der mehrere Stunden dauert und unter Einsatz der Herz-Lungen-Maschine durchgeführt wird. Ich hatte Angst und machte mir große Sorgen um meine Familie, für den Fall, dass ich nicht mehr aufwachen würde. Ich redete mit Gott und betete, dass alles gut gehen möge. Ich ließ mein bisheriges Leben an mir vorüberziehen; viele Situationen, die mir Stress machten, als ich sie erlebte, kamen mir an diesem Abend belanglos vor. Ich sah aber auch wesentliche Situationen, die einen bleibenden Wert hatten. Manche davon hatte ich so gemeistert, dass ich stolz auf mich war, andere hätte ich gerne noch einmal erlebt und anders gestaltet. Aber ich konnte auch in die Zukunft sehen. Ich ließ mich ein auf Gegebenheiten, die demnächst auf mich zukommen würden. Entscheidungssituationen und Prüfungen standen an, für mich persönlich, für meine Familie, für meine berufliche Entwicklung. Ich beschäftigte mich mit diesen Bildern, und je mehr ich das tat, umso sicherer war ich mir, dass alles gut gehen würde. »Ja«, sagte ich im Stillen, »ich sehe, dass Gott noch einiges mit mir vorhat, mein Weg wird an dieser Stelle noch nicht zu Ende sein.«

Als ich am nächsten Tag auf der Intensivstation aufwachte, sah ich verschwommen, dass die Türe aufging und meine Frau zu mir kam. Ein tiefes Gefühl der Erleichterung und der Dankbarkeit breitete sich in mir aus. Gerade hatte ich mich völlig verloren und mutlos gefühlt, nun war ich wieder voller Hoffnung. Das war es also, was wirklich zählt in einer Partnerschaft, dass man in höchster Not nicht verlassen wird, sondern aufgefangen.

Lernfelder dienen aber auch dazu, negative Charaktereigenschaften zu bearbeiten. Ein Mensch soll so seine automatisierten Verhaltensmuster in bestimmten Situationen kennenlernen, um sie durch bewusste Handlungen zu ersetzen. Diese Art von Lernchance wird dem Menschen so lange geschickt, bis er bereit ist, sein Verhalten zu analysieren und zu verbessern. Und diejenigen Gesprächspartner, die dabei in eine Interaktion mit dem Lernenden verwickelt sind, dienen als Katalysator für diese Entwicklung, egal in welchem gesellschaftlichen Umfeld er sich gerade befindet. Wer rechthaberisch ist, der zeigt diese Eigenschaften eben nicht nur in seinem privaten Umfeld, sondern auch im beruflichen. Wer nicht Nein sagen kann, dem werden ständig Übungen geschickt, bis er aus der eigenen Überforderung heraus endlich so weit ist, diesen Schritt zu tun. Wer nicht delegieren kann, der muss sich so lange überanstrengen, bis er lernt, Aufgaben an andere weiterzugeben. Ein Mensch, der immer wieder zu schnell mit dem Auto fährt und sein Verhalten nicht ändert, läuft Gefahr zu verunglücken. Wenn es wohlmeinende Rückmeldungen von Personen zu einem bestimmten Verhalten gibt, kann ein Entwicklungsprozess beginnen. Der Mensch ist aber frei, sich zu entscheiden, ob er solche Rückmeldungen hören will oder nicht. Oft werden Verhaltensmuster, die starr geblieben sind, auf die nächste Generation übertragen, bis sich jemand endlich dem Lernprozess stellt und den Konflikt dadurch auflöst.

Darüber hinaus werden dem Menschen auch Lernsituationen geschickt, die ihn auf eine ganz bestimmte Aufgabe vorbereiten sollen, die Gott mit ihm vorhat. Das Bestehen einer großen Herausforderung soll dabei in kleinen Schritten gelernt werden. In der Lernsituation selbst haben wir keine Vorstellung davon, was nun konkret gelernt werden soll. Wir handeln einfach, weil es uns dazu antreibt oder weil uns jemand dafür auserwählt hat.

Als ich noch ein Schuljunge von neun Jahren war, feierte man in meiner Heimatstadt ein großes Jubiläum. Der Hof meiner Schule wurde als Veranstaltungsort ausgewählt. Neben zahlreichen Reden von honorigen Personen hatte ich die Aufgabe, ein Gedicht aufzusagen. Der Direktor der Schule hatte mich dafür ausgewählt und mir das elendslange Gedicht eines Kärntner Mundartdichters in die Hand gedrückt. Meine Mutter unterstützte mich beim Auswendiglernen dieses Werkes, sie fragte mich immer wieder ab und freute sich mit mir über den Lernfortschritt. Es ging alles gut. Da stand ich inmitten einer großen Versammlung und sagte brav mein Gedicht auf. Fehlerfrei und ohne dass ich Aufregung verspürte. Wenn ich heutzutage zu Kongressen eingeladen werde, um mein Thema »Sales Coaching by Benedict« vorzutragen, dann denke ich oft an jenes Erlebnis in meiner Kindheit und hole mir Kraft daraus.

Unser Leben ist also voller Lernsituationen. Gott stellt uns immer wieder in eine bestimmte Situation, in der wir uns entwickeln sollen. Erst wer selbst gelernt hat, kann andere führen, nur wer die eigene Entwicklung angeht, kann von anderen Menschen fordern, sich in einem Führungsprozess zu entwickeln.

Der Sohn

»Ich taufe euch nur mit Wasser. Es kommt aber einer, der stärker ist als ich, und ich bin es nicht wert, ihm die Schuhe aufzuschnüren. Er wird euch mit dem Heiligen Geist und mit Feuer taufen« (Lk 3, 16).

Mit diesen Worten aus dem Lukasevangelium kündigt Johannes der Täufer das Erscheinen des Jesus von Nazareth an. Bald darauf folgte seine persönliche Begegnung mit Jesus. Wie wir im Neuen Testament nachlesen können, war Johannes am Jordan gerade dabei, Menschen zu taufen, die sich in einer langen Schlange bei ihm anstellten. Mittendrin in der Menge war auch Jesus. Und als Jesus an der Reihe war, zögerte Johannes. Jesus munterte ihn auf, auch ihn zu taufen. *»Kaum war Jesus getauft und aus dem Wasser gestiegen, da öffnete sich der Himmel, und er sah den Geist Gottes wie eine Taube auf sich herabkommen. Und eine Stimme aus dem Himmel sprach: Das ist mein geliebter Sohn, an dem ich Gefallen gefunden habe« (Mt 3, 16–17).*

Gott hat also seinen Sohn in die Welt geschickt, um uns ein Beispiel zu geben, wie er sich unser Leben vorstellt. Plötzlich hatten die Menschen mehr als nur die Schriften und die mündliche Überlieferung des Willens Gottes. Nun stand er vor ihnen, echt und angreifbar, ein Mensch aus Fleisch und Blut. Das Erscheinen des Messias wird im Alten Testament der Bibel an vielen Stellen angekündigt. Zwei Beispiele möchte ich hier anführen: *»Darum wird euch der HERR selbst ein Zeichen geben: Siehe, eine Jungfrau ist schwanger und wird einen Sohn gebären, den wird sie nennen Immanuel.«* (Jes 7, 14) *»Juble laut, Tochter Zion! Jauchze, Tochter Jerusalem! Siehe, dein König kommt zu dir. Er ist gerecht und hilft; er ist demütig und reitet auf einem Esel, auf einem Fohlen, dem Jungen einer Eselin«* (Sach 9, 9).

Nun war er also tatsächlich in die Welt eingetreten. Warum hat Gott diesen Schritt getan? Seinen Willen hat er uns schon viel früher kundgetan, indem er dem Propheten Moses die Zehn Gebote verkündet hatte. Wahrscheinlich war er mit der Umsetzung seiner Regeln durch die Menschen nicht zufrieden und fühlte sich verpflichtet, ein lebendiges Beispiel zu geben, wie ein erfülltes Leben aussieht. Ein Beispiel, dem die Menschen nacheifern sollten, um in einen Entwicklungsprozess einzutreten, der sich auf Gott hinorientiert. Gott wollte nicht mehr nur durch Zeichen und Botschaften führen, sondern direkt durch Jesus, seinen Sohn.

Jesus trat in den Führungsprozess ein. Bald nach der Taufe durch Johannes begann er seine Jünger um sich herum zu versammeln. Er sprach sie direkt an und lud sie ein, »Menschenfischer« zu werden, eine Aussicht, die seine Jünger veranlasste, ihr bisheriges Leben über Bord zu werfen und ihm zu folgen. Und als er in ihrer Gegenwart die ersten Wunder tat, erkannten sie, dass es der Sohn Gottes war, der sie führte. Jesus selbst sah sich zugleich als Bewahrer und als Erneuerer. In vielen seiner öffentlichen Reden bezog er sich auf die »Schrift«, die wir heute als das Alte Testament bezeichnen. Kein Buchstabe davon werde vergehen, wie er immer wieder betonte, und doch war er gekommen, um mit den Menschen einen neuen Bund zu schließen und das Fundament zu legen, für seine Kirche, die die Apostel nach seinem Tod ins Leben rufen sollten.

Jesus sprach immer wieder in Gleichnissen, um sich seinen Zuhörern verständlich zu machen. In vielen geht es um die Beziehung Gottes zu den Menschen und umgekehrt. Aber auch die Frage, wie wir mit den von Gott gegebenen Aufträgen und Fähigkeiten umgehen sollen, ist ein zentrales Thema dieser Erzählungen. Viele der Gleichnisse beinhalten Fundamente und Richtlinien für unser Thema, »Führen mit Gott«, eines davon möchte ich hier ausführen:

»*Wer diese meine Worte hört und danach handelt, ist wie ein kluger Mann, der sein Haus auf Fels baute. Als nun ein Wolkenbruch kam und die Wassermassen heranfluteten, als die Stürme tobten und an dem Haus rüttelten, da stürzte es nicht ein; denn es war auf Fels gebaut. Wer aber meine Worte hört und nicht danach handelt, ist wie ein unvernünftiger Mann, der sein Haus auf Sand baute. Als nun ein Wolkenbruch kam und die Wassermassen heranfluteten, als die Stürme tobten und an dem Haus rüttelten, da stürzte es ein und wurde völlig zerstört*« (Mt 7, 24–27).

Wer führen will, benötigt zuerst ein Fundament, das er baut, bevor er in Führungsprozesse einsteigt. Ein tragfähiges Fundament sollte es sein. Eines, das nicht Strömungen und Moden unterliegt, sondern eines, das Tiefgang hat und sich über viele Jahre bewährt hat. Wer auf Gottes Felsen sein Haus baut, in dem geführt und entwickelt werden soll, der kann darauf bauen, dass die von ihm geführten Menschen den Stürmen des Lebens widerstehen können. Führen ist eine sehr große Herausforderung, die nie ohne Konflikte abgeht. Nicht selten wackelt das Haus, in dem die Führungsprozesse stattfinden, wenn nicht nur gelobt werden kann, sondern auch getadelt werden muss, und wenn nicht nur gefördert, sondern auch gefordert wird. Ein Haus, das auf einem guten Fundament steht, hält das aus.

Jesus bringt die Liebe als das oberste Prinzip wieder neu in die Welt. Als er gefragt wird, was denn die wichtigsten Gebote sind, die uns Gott gegeben hat, antwortet er: »*... Du sollst den Herrn, deinen Gott, lieben mit ganzem Herzen, mit ganzer Seele und mit all deinen Gedanken. Das ist das wichtigste und erste Gebot. Ebenso wichtig ist das zweite: Du sollst deinen Nächsten lieben wie dich selbst. An diesen beiden Geboten hängt das ganze Gesetz samt den Propheten*« (Mt 22, 37–40).

Die Liebe steht also über allem, sie ist das wichtigste Gebot. Gottesliebe, Nächstenliebe, aber auch die Liebe zu sich selbst.

Wer sich selbst nicht liebt, der kann auch keine Liebe geben. An dieser Stelle ist das Annehmen seiner selbst gemeint und die Auseinandersetzung mit sich selbst, als Grundlage eines Entwicklungsprozesses, der uns erst die Führungsfähigkeit gibt.

Woher wusste Jesus, dass er Gottes Sohn ist? Als Kind war er schon sehr begabt für das Spirituelle, wie wir in der Bibel lesen können. Die Eltern zogen jedes Jahr in einer Pilgergruppe mit ihm nach Jerusalem zum Paschafest. Zur Zeit der Pilgerreise, die in der Bibel beschrieben wird, war Jesus zwölf Jahre alt. Die Eltern hatten Jesus verloren und suchten ihn überall. Erst nach drei Tagen fanden sie ihn im Tempel. Er saß mitten unter den Lehrern, hörte ihnen zu und stellte Fragen. Die Lehrer waren erstaunt über sein Verständnis. *»Als seine Eltern ihn sahen, waren sie sehr betroffen und seine Mutter sagte zu ihm: Kind, wie konntest du uns das antun? Dein Vater und ich haben dich voll Angst gesucht. Da sagte er zu ihnen: Warum habt ihr mich gesucht? Wusstet ihr nicht, dass ich in dem sein muss, was meinem Vater gehört? Doch sie verstanden nicht, was er damit sagen wollte«* (Lk 2, 48–50). Zumindest im kindlichen Verständnis war Jesus also schon sehr früh klar, dass er Gottes Sohn ist. Die direkte Bestätigung durch Gott erfolgt dann während der Taufe durch Johannes, als Gott aus der Wolke herab zu verstehen gibt, dass Jesus sein geliebter Sohn ist. Damals war er um die dreißig Jahre alt, und diese direkte Berufung durch Gott kann auch als Beginn seiner Lehrtätigkeit gesehen werden, die die folgenden drei Jahre andauerte, bis zu seinem Tode am Kreuz.

Jesus lässt sich in Kafarnaum am See Genezareth nieder. Dort ist er mit den zwölf Aposteln zusammen und zieht herum, um die Menschen zu lehren. Das Haus des Simon Petrus war wohl eine zentrale Anlaufstelle. Dort hat Jesus viele Wunder gewirkt. Unter anderem ist die Heilung des Sohnes des Hauptmanns von Kafarnaum überliefert, des obersten Vertreters der römischen Besatzer vor Ort. In den 1970er Jahren ist dieses Haus von Archäologen gefunden und freigelegt worden. Es fanden sich Inschriften auf Griechisch, Syrisch, Aramäisch und Lateinisch, insgesamt waren es 150. Sie priesen Jesus als Herrn und als Christus. Auch der Name Petrus taucht mehrmals auf. Heute ist die Ansiedlung größtenteils ausgegraben und den Besuchern zugänglich.

Jesus lehrt die Menschen in zahlreichen Zusammenkünften. Diese waren nicht angekündigt und auch nicht organisiert, sie entstanden spontan, als das Volk Jesus suchte, und die Menge der Menschen, die sich einfand, wurde immer größer. Eine der wichtigsten dieser Begegnungen mit Menschen war wohl die Bergpredigt, die im Matthäusevangelium (Mt 5,1–7,29) ausführlich geschildert wird. Es ist ein tiefgründiger Vortrag über ethische Werte und Moral, gespickt mit konkreten Handlungsanleitungen, die wir als Grundlage unseres Lebens und unserer Führungstätigkeit beachten sollen. Man kann diesen Vortrag Jesu auch als eine Art Verfassung des Reiches Gottes bezeichnen, ein Leitbild, in dem uns der Herr durch seinen Sohn mitteilt, was er von uns will.

Jesus spricht in dieser Rede davon, dass es sich auszahlt, sich für das Reich Gottes einzusetzen. Er verspricht den Menschen, die das tun, das ewige Leben bei Gott. Jene, die sich für Gerechtigkeit einsetzen, die barmherzig sind und ein reines Herz haben, die Frieden stiften und sich zu Gott bekennen, *»werden Gott schauen«*. Er fordert uns Menschen auf, ein Vorbild zu sein, dem uns anvertraute Menschen nacheifern können: *»So soll euer Licht vor den Menschen leuchten, damit sie eure guten Werke sehen und euren Vater im Himmel preisen.«* Ein Führungsprozess gelingt nach der Vorstellung Jesu, wenn wir uns dabei an die Gebote Gottes halten und den göttlichen Willen als Grundlage unserer Führungsarbeit annehmen. Denn wer die Gebote Gottes *»hält und halten lehrt«*, der wird groß sein im Himmelreich. Dann wendet sich Jesus dem Themenbereich Frieden und Versöhnung zu. Weiter spricht er über die Ehe. *»Du sollst nicht die Ehe brechen«, sagt Jesus und macht damit eine klare Aussage über die Familie als Säule, die die Gesellschaft tragen muss. Auch das Thema Vergeltung spricht er an und mahnt, im Streit nachzugeben und nicht nach Vergeltung zu suchen, wenn einem etwas angetan wird. Es sind noch viele weitere Themen, die Jesus in seiner Predigt anführt – einige wichtige Punkte, die uns in Führungsprozessen anleiten sollen, haben wir hier angeführt. Eines fehlt in diesem Zusammenhang noch, und das ist die Liebe. Auch dazu äußert sich Jesus. Es ist eine große Liebe, die Jesus von uns verlangt. Nicht nur eine Liebe zu jenen, die uns nahstehen, soll es sein, nein, auch eine Liebe zu unseren Feinden: »Liebt eure Feinde und betet für die, die euch verfolgen.«*

Jesus ist aber nicht nur der Sohn Gottes, der mit allem und jedem in Frieden ist, er zeigt sich uns durchaus auch als Mensch mit Emotionen. Die Händler im Tempel von Jerusalem wirft er hinaus, weil sie das Gotteshaus entehren. Mit seinen Verwandten bricht Jesus, weil sie seinen Weg nicht mit ihm gehen, sondern sich von seiner Entwicklung distanzieren. Und sogar seine Mutter wurde mit schroffen Äußerungen konfrontiert. Im Bericht über die Hochzeit zu Kana lesen wir: *»Als der Wein ausging, sagte die Mutter Jesu zu ihm: Sie haben keinen Wein mehr. Jesus erwiderte ihr: Was willst du von mir, Frau? Meine Stunde ist noch nicht gekommen«* (Joh 2, 4). Die Mutter Jesu erkannte, dass ein Wunder zu wirken war, um dem Bräutigam die Peinlichkeit zu ersparen, dass der Wein auf diesem Fest ausging. Jesus hatte sich mit dem Gedanken wohl auch schon beschäftigt, er wollte aber den Zeitpunkt dieser Handlung selbst bestimmen.

Jesus findet ein jähes und grausames Ende durch seinen Tod am Kreuz. Er hadert mit Gott, warum er ihm dieses Ende zumutet: *»Abba, Vater, alles ist dir möglich. Nimm diesen Kelch von* *mir! Aber nicht, was ich will, sondern was du willst soll geschehen.«* (Mk 14,36) Jesus bleibt also dem Willen seines Vaters gehorsam bis in den Tod. Das Ende Jesu war aber schon viel früher bestimmt und musste geschehen, damit es eine Auferstehung geben konnte, die den Beginn eines neuen und endgültigen Lebens bedeutet, das nun für jeden von uns verheißen ist, der Jesus nachfolgt. Nach der Auferstehung sendet er die Apostel aus, und damit ist auch jeder von uns gemeint, der diesen Auftrag für sich erkennt. Er haucht ihnen den Geist ein, damit sie von nun an sein Werk weiterführen können. Genau dazu sind auch wir aufgefordert: dass wir Jesus nachfolgen im Alltag. In unserer Herangehensweise an Entscheidungen, die wir zu treffen haben, in der Meinung, die wir öffentlich vertreten, im Beispiel, das wir geben, in der Einstellung, die wir an den Tag legen. Und wenn Führen und Entwickeln der Sinn unseres Lebens ist, dann sind es die Reifungsprozesse der uns anvertrauten Menschen, die wir nach dem Vorbild Jesu gestalten sollen: getragen von der Liebe als oberstem Prinzip, der Fürsorge und der Barmherzigkeit. Genauso aber auch getragen von der Ordnung, die den Rahmen gibt, dem Fordern und der Strenge.

Der Heilige Geist

»Als der Pfingsttag gekommen war, befanden sich alle (Apostel) am gleichen Ort. Da kam plötzlich vom Himmel her ein Brausen, wie wenn ein heftiger Sturm daherfährt, und erfüllte das ganze Haus, in dem sie waren. Und es erschienen ihnen Zungen wie von Feuer, die sich verteilten; auf jeden von ihnen ließ sich eine nieder. Alle wurden mit dem Heiligen Geist erfüllt und begannen, in fremden Sprachen zu reden, wie es der Geist ihnen eingab.« (Apg 2,1–4)

Das Erscheinen des Heiligen Geistes ist wohl eine der größartigsten Geschichten zwischen Himmel und Erde, die in der Bibel beschrieben werden. Wir können uns die Ergriffenheit der Jünger Christi vorstellen, als dieses Ereignis eintrat. Heute feiert die Kirche diese Begebenheit 40 Tage nach Ostern als Pfingstfest. Jesus war zu dieser Zeit schon nicht mehr bei den Jüngern. Er hatte ihnen aber zu Lebzeiten angekündigt, dass er ihnen diesen Beistand schicken werde: »*Der Beistand aber, der Heilige Geist, den der Vater in meinem Namen senden wird, der wird euch alles lehren und euch an alles erinnern, was ich euch gesagt habe.*« (Joh 14,26)

Wer ist nun dieser Heilige Geist? Und wie können wir uns die Dreieinigkeit Gottes vorstellen? Wenn der Priester nach der Messe die Gläubigen entlässt, dann segnet er sie mit den Worten: »Es segne euch der Allmächtige Gott, der Vater, der Sohn und der Heilige Geist.« Die Dreieinigkeit Gottes ist nicht leicht vorstellbar, ich versuche immer folgende Erklärung: Der Allmächtige Vater ist der Schöpfer, der alles erschaffen hat und seine Schöpfung zusammenhält. Der Sohn ist das menschgewordene Beispiel, wie ein gutes Leben gelingen kann, und der Heilige Geist ist der direkte Beistand, der uns in schwierigen Lebenssituationen mit dem richtigen Geist erfüllt. Voraussetzung dafür ist unser Glaube und unsere Bitte, dass er uns in konkreten Situationen beisteht.

Jeder von uns hat in Notsituationen schon einmal den lieben Gott oder Heilige angerufen. Ich habe es mir seit einiger Zeit zur Gewohnheit gemacht, in bestimmten Situationen einfach den Heiligen Geist anzurufen. Den Geist, den Gott den Aposteln und somit uns allen geschenkt hat, um zu helfen, wenn es notwendig ist.

Zu Beginn eines Seminars hatte eine Teilnehmerin den Laptop aufgeklappt und hämmerte jedes Wort von mir auf ihre Festplatte. Es störte mich, und ich spürte, dass sich auch andere Teilnehmer gestört fühlten. Ich sprach die Teilnehmerin darauf an und wies auch darauf hin, dass ich später Unterlagen verteilen würde und auch das Buch zum Seminar. Sie ließ sich aber nicht davon abhalten mitzuschreiben, und ich ließ die Sache vorerst auf sich beruhen und fuhr mit der Seminareinleitung fort. Ich fühlte mich von den anderen Teilnehmern beobachtet, die sich offensichtlich immer noch gestört fühlten und abwarteten, wie denn der Trainer diese Situation meistern würde. Ich bat im Stillen um Hilfe. Nach kurzer Zeit hatte ich die Lösung. Ich unterbrach meinen Vortrag und wendete mich an die Teilnehmerin: »Frau X., ich weiß jetzt, was mich am Mitschreiben stört. Wenn Sie den Laptop aufgeklappt haben und ständig auf den Bildschirm starren, kann ich keine Beziehung zu Ihnen aufbauen.«

Mit einem Lächeln der Erleichterung klappte die Teilnehmerin den Laptop zu. Sie konnte eine für sie offensichtlich ebenso unangenehme Situation beenden, ohne dabei das Gesicht zu verlieren. Allgemeine Erleichterung machte sich breit, ich dankte im Stillen für die Hilfe und setzte das Seminar fort.

Gott schickt uns also seinen Heiligen Geist, wenn wir ihn darum bitten. Er hilft uns zu erkennen. Im Alten Testament ist oft von Weisheit die Rede, wenn über den Heiligen Geist gesprochen wird. »*Die Weisheit ist ein menschenfreundlicher Geist, doch lässt sie die Reden des Lästerers nicht straflos; denn Gott ist Zeuge seiner heimlichen Gedanken, untrüglich durchschaut er sein Herz und hört seine Worte*« (Weish 1, 5–6). Der Heilige Geist kehrt also dort ein, wo ein Mensch auf der Suche nach Orientierung für sein Leben ist. Er unterstützt und stärkt jene, die ihr Leben nach dem Auftrag Gottes gestalten wollen. Er hilft in Krisensituationen, er zeigt Wege, er begleitet, er schickt Erkenntnis, Einsicht und Weisheit. Umgangssprachlich reden wir davon, dass jemand »keinen Geist« mehr habe, eine Sache zu beenden, oder dass »der rechte Geist« fehle, eine Handlung durchzuführen. Die alten Geschichten aus der Bibel sind dem heutigen Menschen also durchaus präsent. Zumindest unbewusst. Wir verwenden häufig Sätze aus der Bibel und Begebenheiten, wenn wir uns in bestimmten Situationen äußern. Leider nehmen wir uns aber zu selten die Zeit, über die tiefere Bedeutung einer Redewendung nachzudenken. Dabei könnte uns der Heilige Geist helfen, wenn wir ihn auffordern, in unser Leben zu treten.

Im Auftrag Gottes kann der Heilige Geist auch scheinbar ganz Unmögliches bewegen. Hier möchte ich die Heimsuchung der Gottesmutter Maria durch den Erzengel Gabriel erwähnen. Er bereitet sie darauf vor, dass sie den Sohn Gottes empfangen wird: *»Du wirst ein Kind empfangen, einen Sohn wirst du gebären: Dem sollst du den Namen Jesus geben. Er wird groß sein und Sohn des Höchsten genannt werden. ... Maria sagte zu dem Engel: Wie soll das geschehen, da ich keinen Mann erkenne? Der Engel antwortete ihr: Der Heilige Geist wird über dich kommen, und die Kraft des Höchsten wird dich überschatten. Deshalb wird auch das Kind heilig und Sohn Gottes genannt werden«* (Lk 1, 31–35).

Gott schickt seinen Geist, den Heiligen Geist, wenn etwas Besonderes bewegt werden soll. Von ihm können wir alles lernen: ein rechtes Leben zu führen, Erkenntnis zu erlangen, die Geschichte unseres Lebens zu verstehen, die richtigen Schritte auf den Weg zu Gott zu setzen. Im Brief an die Römer schreibt Paulus, wie der Heilige Geist unser Beistand sein kann auf dem Weg zu Gott: *»Eure Liebe sei ohne Heuchelei. Verabscheut das Böse, haltet fest am Guten! Seid einander in brüderlicher Liebe zugetan, übertrefft euch in gegenseitiger Achtung! Lasst nicht nach in eurem Eifer, lasst euch vom Geist entflammen und dient dem Herrn!«* (Röm 12, 9–11) Der Heilige Geist bietet sich also als Lehrmeister und Begleiter an. Es ist unsere freie Entscheidung, ob wir dieses Angebot annehmen oder nicht.

Die Kirche

»Ich aber sage dir: Du bist Petrus, und auf diesen Felsen werde ich meine Kirche bauen und die Mächte der Unterwelt werden sie nicht überwältigen.« (Mt 16, 18)

Gott hatte Simon Petrus auserwählt, um seine Kirche zu gründen. Die römisch-katholische Kirche, der ich selbst seit meiner Kindheit angehöre. Von Kindheit an erlebte ich Rom als das Zentrum meiner Kirche, und der Papst hatte für mich als Nachfolger des Simon Petrus eine besondere Bedeutung.

Jesus hat also angekündigt, dass die Mächte der Unterwelt diese Kirche nicht überwältigen werden, und so ist es bis heute geblieben. In der 2000-jährigen Geschichte hat diese Organisation extreme Höhen und Tiefen erlebt. Sie fand sich auf strahlenden Gipfeln genauso wieder wie in den dunkelsten Tälern. Die ersten Vertreter der neu gegründeten Kirche gingen für ihren Glauben an den auferstandenen Jesus in den Tod. Es muss also wohl etwas dran gewesen sein an der Geschichte von der Auferstehung Jesu, denn sonst hätten die ersten Zeugen ihr Leben nicht hingegeben für diese Wahrheit.

Der christliche Glaube verbreitete sich um die Welt. Auch dabei ging es natürlich längst nicht immer gerecht zu, wenn wir etwa an die gewaltsame Unterwerfung der Andersgläubigen während der Kreuzzüge denken. Bis in die jüngere Geschichte der Kirche gab es immer wieder Skandale, und noch heute lösen manche Aussagen von kirchlichen Würdenträgern Verwunderung und Beklemmung aus. Die Kirche ist zwar von Gott eingesetzt, die ausführenden Organe auf Erden sind aber Menschen, mit all ihren Schwächen und Eitelkeiten. Und gerade die obersten Führer der Kirche, die Päpste in Rom, haben sich nicht immer dadurch ausgezeichnet, dass sie ein besonders gottgefälliges Leben geführt hätten, im Gegenteil. Gerade in den Führungsetagen wurde oft so gar nicht das vorgelebt, was Jesus als die Grundfesten seiner Kirche ausgerufen hat: die Menschenliebe, der Dienst am Nächsten und der Einsatz für die Armen, Schwachen und Kranken.

Heutzutage ist die Kirche heftiger Kritik von allen Seiten ausgesetzt. Wir stürzen uns auf die Skandale, die einzelne Vertreter dieser Organisation liefern, regen uns darüber auf, dass die Kirche sich nur mit sich selbst beschäftigt und die Menschen nicht mehr erreicht. Kritik ist angebracht, das steht außer Frage, und jeder von uns, der diesem Jesus von Nazareth etwas abgewinnen kann, ist aufgefordert, sich einzubringen. Es wäre schön, wenn viele von uns wieder den Weg in die Kirche fänden, um von innen heraus an Strukturveränderungen und Anpassungen in der Lehre mitzuwirken. Wer sich umdreht und davongeht, der wird nämlich nichts verändern an einer Kirche, die immer noch Gottes Kirche ist, auch wenn sie uns in der heutigen Zeit oft Anlass zu Ärger und Sorge gibt.

Gibt es nur eine Kirche? Was ist denn dann mit den anderen Glaubensgemeinschaften? Wir Christen haben mit den Juden und Muslimen gemeinsam den Glauben an den einen Gott, der sich im Alten Testament der Bibel offenbart. Die praktische Ausübung des Glaubens an diesen einen Gott hat sich in den Religionsgemeinschaften differenziert entwickelt. Mir fällt in diesem Zusammenhang immer das Bild von unterschiedlichen Bäumen im Wald ein. Alle stehen im selben Wald, ob Tannen, Fichten oder Laubbäume, jeder ist auf seine Weise schön, und insgesamt formen sie ein großes Gebilde. Der Austausch unter den Religionen wird allerorts vorangetrieben, die Ökumene ist angesagt. Ich halte viel von diesem Austausch, schließlich geht es uns allen doch um denselben Gott. Aus meiner Sicht ist es aber widersinnig, die Grundfesten seines Glaubens infrage zu stellen, um sich anderen anzunähern. Das wäre eher eine Anbiederung, bei der alle Beteiligten verlieren. Aus einem

Laubbaum wird eben kein Tannenbaum, auch wenn wir uns noch so sehr darum bemühen.

Mir geht es um meine Kirche, die römisch-katholische, die mich von Kindheit an geprägt hat. Für mich ist der Papst der legitimierte Nachfolger des Simon Petrus, jenes Fischers aus Galiläa, dem Jesus den Auftrag erteilt hat, seine Kirche aufzubauen. Natürlich mache ich mir Sorgen um meine Kirche und ärgere mich, wenn die alten Herren im Vatikan wieder einmal eine Entscheidung getroffen haben, die ein Mensch, der mit beiden Beinen im Leben steht, einfach nicht begreifen kann. Ja, es braucht Erneuerung, und es wird Zeit, dass jemand im Vatikan alle Fenster öffnet, damit wieder ein bisschen frische Luft in die Amtsstuben kommt. Der aktuelle Papst Franziskus ist ein Hoffnungsträger. Wenn man seine Lebensgeschichte ansieht, dann erkennt man, dass das Evangelium für ihn nicht nur geschriebenes Wort ist, sondern dass er auch sein Werk danach ausrichtet. Er hat sich als Bischof und Kardinal in Südamerika tatsächlich um die Armen, Schwachen und Kranken gekümmert. Er war persönlich in den Slums und den Menschen nahe. Er ist ernsthaft darum bemüht, sich in seiner Amtsführung als Papst von dem Ideal der Menschlichkeit leiten zu lassen. Trotzdem erlebt auch er Grenzen in der Umsetzung seiner Absichten, die mit den festgefahrenen Strukturen im Vatikan und in der Amtskirche in vielen Ländern zu tun haben.

Wenn man die Geschichte der römisch-katholischen Kirche ansieht, dann ist es ein kleines Wunder, dass sie noch nicht untergegangen ist. Jesus hat es uns versprochen, und es scheint so zu sein, dass für Gott die Kirche ein Baustein in seinem Führungsprozess mit den Menschen ist, den er nicht missen will. Den Amtsträgern kommt also die große Verantwortung zu, sich selbst wieder mehr mit Gott und dem Willen Gottes zu beschäftigen, als darüber nachzudenken, ob wiederverheiratete Geschiedene zur Kommunion gehen dürfen oder nicht. Solche

Verbote sind einfach weltfremd. Wir brauchen aber keine weltfremde Kirche, ganz im Gegenteil. Die heutige Zeit ruft nach einer Einrichtung, die sich einerseits an traditionellen Werten orientiert, auf der anderen Seite aber auch auf die Menschen zugeht. Die Krise der Gesellschaft, die wir jeden Tag erleben, ruft nach einer Instanz, die es übernimmt, Orientierung vorzugeben und Werte, die die Gesellschaft aus der Misere herausführen. Welche Instanz sollte das sein, wenn nicht die Kirche? Eine erneuerte Kirche allerdings, die sich nicht nur um sich selbst dreht und sich darin gefällt, Dogmen und Normen in den Mittelpunkt zu stellen, eine zeitgemäße Kirche, die die Menschen erreicht, ohne deshalb ihre Grundwerte aufzugeben. Dafür reichte es schon, wenn sich unsere Kirche wieder mehr am Leben des Jesus von Nazareth orientiert.

Das Vorbild

»Auch ich suche allen in allem entgegenzukommen; ich suche nicht meinen Nutzen, sondern den Nutzen aller, damit sie gerettet werden. Nehmt mich zum Vorbild, wie ich Christus zum Vorbild nehme.« (1 Kor 10,33)

Paulus wirbt in diesem Zitat aus dem ersten Brief an die Korinther darum, einen Führungsansatz zu wählen, der nicht zu sehr auf den Eigennutz hin orientiert ist, sondern auf den Nutzen aller. Er nimmt sich das Leben des Sohnes Gottes zum Vorbild, strengt sich an, selbst nach diesem Vorbild zu leben, und fordert von den Gemeinden, es ihm nachzumachen. Wer Führungsprozesse erfolgreich gestalten will, der muss immer zuerst vormachen, was er von anderen erwartet, sonst wird er unglaubwürdig.

Mitarbeiter, Kinder und Jugendliche beobachten sehr genau,

ob die Führungskraft selbst tut, was sie von anderen erwartet. Sie lassen sich auch nur mit solchen Personen auf echte Führungsprozesse ein, die das, was sie predigen, auch selbst vorzeigen. Ein Vater, der auf ein Handyverbot beim Essen besteht, darf in dieser Zeit natürlich auch selbst nicht telefonieren, wenn er glaubwürdig bleiben will. Eine Führungskraft in der Wirtschaft kann von ihren Mitarbeitern keinen intensiven Einsatz an Arbeitszeit einfordern, wenn sie selbst nicht bereit ist, diesen zu leisten. Ein Lehrer ist nicht glaubwürdig, wenn er auf die Einhaltung der Unterrichtszeiten besteht und selbst mit Verspätung in die Klasse kommt. Und Politiker sind nicht glaubwürdig, wenn sie einerseits dem Volk Sparmaßnahmen auferlegen und andererseits eine Erhöhung der Politikerbezüge beschließen.

Die großen Vorbilder sind uns in unserer Gesellschaft in den letzten Jahren abhanden gekommen. Man vermisst die klare Linie im Auftritt öffentlicher Personen und kann nur schwer herausfinden, wofür jemand wirklich steht. Zu oft sind die Aussagen und Stellungnahmen gefärbt von dem Wunsch, es möglichst vielen Menschen recht zu machen. Die Aussage von gestern kann morgen schon wieder ganz anders klingen, und die mediale Gestaltung eines Auftrittes ist viel wichtiger geworden als die inhaltliche Botschaft.

Führen durch Vorbild ist die große Herausforderung, der sich Eltern jeden Tag stellen müssen. Plötzlich ist das erste Kind da, und ab diesem Zeitpunkt ist man nicht mehr Privatperson, sondern Mutter oder Vater. Man wird beobachtet, auf Schritt und Tritt. Die Handlungen und Äußerungen der Eltern prägen sich von Anfang an in die Seele und den Geist des kleinen Kindes ein. Es gilt also, wohl zu überlegen, was man dem kleinen Wesen zeigen und damit für das Leben mitgeben will und was nicht. Wenn die Kinder größer werden, dann geht es darum, ihnen zu helfen, Einstellungen und Standpunkte zu finden, die ihnen ein gelingendes Leben möglich machen. Jede Diskussion mit einem Kind über Normen und Werte, über ethische und moralische Themen wird zu einer Lernsituation, in der wir nicht einfach nur unsere Meinung als Privatperson abgeben können, sondern davon ausgehen müssen, dass unsere Aussagen Vorbildwirkung haben. Genauso sind Führungskräfte im Berufsleben gefordert, Vorbild zu sein in ihren Aussagen und Handlungen. Wer von Mitarbeitern erwartet, dass sie sich aus der Komfortzone hinausbewegen und für neue Entwicklungen öffnen, der muss natürlich auch selbst dafür bereit sein. Wer einen offenen Prozess des Feedbacks in seinem Team einfordert, der darf dann aber auch nicht gekränkt sein, wenn er aus der Gruppe einmal etwas zu hören bekommt, was ihm im Augenblick so gar nicht recht ist.

Geführte Menschen orientieren sich also an dem Vorbild, das ihre Führungskraft abgibt. Wenn wir als Führungskräfte selbst nach Vorbildern suchen, die uns zeigen, wie ein Führungsprozess gelingen kann, dann bietet sich unser Schöpfer als Beispiel an. Er zeigt uns, wie Führungsprozesse gelingen können, nicht nur im Allgemeinen, sondern an dem ganz konkreten Beispiel, das wir selbst in der Führungsbeziehung zu ihm jeden Tag erleben können. Voraussetzung dafür ist nur unsere Entscheidung, denn er hat uns einmal den freien Willen gegeben, und daran hält er konsequent fest.

Gott ist Vorbild, ein glaubwürdiges Vorbild. Er verlangt von uns, dass wir uns auf echte Führungsproesse mit seinen Geschöpfen einlassen, wird aber auch selbst nicht müde darin, sich immer wieder bei uns zu melden. Er klopft bei uns an, und wenn die Türe unseres Herzens hundertmal nicht aufgegangen ist, dann wird er es trotzdem noch einmal versuchen, immer und immer wieder. Er weiß natürlich auch, dass wir ihm nicht entkommen und spätestens am Ende unseres Lebens mit ihm in Beziehung treten werden. Gott will aber nicht so lange warten und tut alles dafür, dass wir uns ihm im Laufe unseres Lebens zuwenden, damit er uns schon im Diesseits in ein spannendes Leben führen kann.

Gott will, dass wir den uns anvertrauten Menschen Wege zeigen, und tut das auch selbst, indem er uns Wegweiser schickt, die uns führen wollen, wenn wir uns darauf einlassen. Zeichen, kleine und große Wunder, Menschen, die uns führen und begleiten. Er will, dass wir loben, wenn etwas gut gelungen ist, und schenkt uns selbst ein gutes Gefühl im Bauch, wenn wir nach seinem Vorbild gehandelt haben. Er will aber auch, dass wir tadeln, wenn etwas danebengegangen ist, und schickt uns nagende Gedanken, wenn wir selbst etwas verbockt haben. Er will, dass wir Prozesse initiieren, die ein langsames, aber stetiges Wachstum zur Folge haben. Als Beispiel zeigt er uns die Abläufe in der Natur, wo alles wird, aber nicht schnell und ungeplant, sondern langsam, in einem Prozess der andauernden Reifung.

Gott zeigt sich ständig, wenn wir ihn rufen, auch wenn er leise und oft verschlüsselt spricht. Er hat als Führungskraft selbst einen langen Prozess der Reifung und Entwicklung durchgemacht und stellt uns seine Erfahrungen zur Verfügung. Er dient uns als Vorbild dafür, wie Führen gehen kann. Mit all den Emotionen, die damit verbunden sind, vom größten Glück bis zur tiefsten Verzweiflung. So wie er die Liebe ist, ist er auch die Führung – wer in seinen Führungsprozessen diesem Vorbild nacheifert, der ist auf dem richtigen Weg.

5. Kapitel: Praktische Hilfen für gelingende Führungsprozesse

Die Zehn Gebote

Dein Wort ist meinem Fuß eine Leuchte, ein Licht für meine Pfade.« (Ps 119,105)

Machen Regeln und Gebote unfrei? Sind sie vor allem eine Begrenzung des Willens und eine lästige Erinnerung daran, dass der Mensch sich einschränken muss, wenn er sich entwickeln soll? Oder sind es die Regeln und Gebote, die in Wahrheit frei machen, weil sie dem Suchenden Hilfe und Orientierung geben und eine Struktur, in der er sich zurechtfinden kann?

Die Zehn Gebote haben sich über die Jahrhunderte fest in das Denken der Menschen eingeprägt. Auch diejenigen unter uns, die mit Gott nichts mehr am Hut haben wollen, können mit dem Begriff der Zehn Gebote etwas anfangen. Sie sind fest in der westlichen Tradition verankert und tief in unsere Kultur eingepflanzt, und sie haben bis zum heutigen Tag nichts von ihrer Aktualität verloren. Im Gegenteil: Die Krise unserer Gesellschaft kommt gerade daher, dass wir uns nicht mehr für Leitlinien interessieren, die Leuchten auf unserem Weg sein können. Wir wollen die Regeln selbst bestimmen und nehmen in Kauf, dass sich wenige auf Kosten vieler bereichern und dass die Armen und Schwachen dabei auf der Strecke bleiben.

Der Wille Gottes ist nicht als Willkür zu verstehen. Es geht nicht um irgendwelche Regeln, die wir um der Regeln willen einhalten sollen, es geht um Gebote und Verbote, die den Menschen in ein erfülltes Leben führen sollen. Gott hat den

Menschen so angelegt, dass er unfertig auf die Welt kommt, und er will, dass wir etwas aus unserem Leben machen. Das geht aber nicht irgendwie, das geht nur, indem er uns auch die Regeln mitgibt, die diesen Prozess der Entwicklung begleiten. Eine Gesellschaft, die Traditionen und Regeln über Bord wirft, steht im luftleeren Raum und muss sich jeden Tag neu erfinden. Die Ordnung ist das Natürliche, nicht die Unordnung. Der Mensch verlangt nach einer Tages- und Lebensstruktur, er kann sich nur entwickeln, wenn es einen Rahmen gibt und eine Richtung. Er braucht Gebote und Regeln, um sich selbst zu finden. Die Zehn Gebote bieten dafür eine grundlegende Basis. Sie helfen zu erkennen, was gut ist und was nicht, und bieten Handlungsanleitungen für ein gelingendes Leben. Sie sind so etwas wie eine Nabelschnur zu Gott. Wenn nur mehr der eigene Wille gelten soll, dann geht diese ursprüngliche Verbindung zu Gott verloren.

Die Zehn Gebote geben dem Menschen eine innere Orientierung, sie sind dem Menschen von Grund auf mitgegeben worden. Im praktischen Leben geht es natürlich nicht darum, die Gebote buchstabengetreu umzusetzen, es geht darum, den Sinn zu erfassen und sich im praktischen Handeln davon leiten zu lassen.

Führen mit Gott bedeutet, die Verbindung zu Gott im Führungsprozess zu suchen und den anvertrauten Menschen den Weg zu Gott zu zeigen. Wenn sich eine Führungskraft die Zehn Gebote zur Grundlage ihrer Führungsarbeit wählt, findet sie Orientierung im Führungsprozess und zugleich den göttlichen Beistand für dieses Vorhaben, der ihr als Licht auf diesem Pfad leuchten will.

Wie kamen die Zehn Gebote zu den Menschen? In der Bibel finden wir dazu eine schöne Bildgeschichte: Es geschah, während Moses sein Volk durch die Wüste führte, im dritten Monat nach dem Auszug der Israeliten aus Ägypten. Sie lagerten in der Wüste am Abhang des Berges Sinai. *»Am dritten Tag, im Morgengrauen, begann es zu donnern und zu blitzen. Schwere Wolken lagen über dem Berg, und gewaltiger Hörnerschall erklang. Das ganze Volk im Lager begann zu zittern. Mose führte es aus dem Lager hinaus Gott entgegen. Unten am Berg blieben sie stehen. Der ganze Sinai war in Rauch gehüllt, denn der Herr war im Feuer auf ihn herabgestiegen. Der Rauch stieg vom Berg auf, wie Rauch aus einem Schmelzofen. Der ganze Berg bebte gewaltig, und der Hörnerschall wurde immer lauter. Mose redete, und Gott antwortete im Donner.«* (2 Mose 16 –19) Gott bestellte Moses hinauf auf den Berg, dort verkündete er ihm die Zehn Gebote. Moses meißelte die Anweisungen in Steintafeln und verkündete später die Gebote seinem Volk.

Hat sich die Geschichte wirklich genau so zugetragen? Die meisten Bibelforscher gehen davon aus, dass die heutige Fassung der Gebote erst im ersten Jahrhundert nach Christus entstanden ist. Sie wurden demnach wohl immer wieder redaktionell bearbeitet und den Umständen angepasst. Ein Teil der Gebote wird auch heute noch in die Nomadenzeit des Volkes Israel zurückdatiert, eine erste vollständige Sammlung von Zehn Geboten gab es aber wohl erst seit dem achten vorchristlichen Jahrhundert. Wie auch immer, fest steht, dass diese Regeln seit Jahrhunderten eine Bedeutung für die Menschen haben und dass sie Teil unserer Kultur und unserer Tradition geworden sind. Und wer sich mit Gott beschäftigt, dem wird klar, dass darin tatsächlich sein Wille ausgedrückt wird. Er gibt uns einen Leitfaden für unsere eigene Entwicklung, für unser Zusammenleben und für die Führungsprozesse, die wir gestalten sollen.

Die Zehn Gebote haben auch eine Bedeutung für die Ökumene, sie verbinden die Glaubensgemeinschaften untereinander. Sie sind ja nicht Eigentum einer Kirche oder einer Glaubensgemeinschaft. Die uns bekannten Zehn Gebote gelten für alle Christen, die Katholiken und die Protestanten, die Orthodoxen und die Freikirchen. Eine leicht abgewandelte Form der Gebote und der Reihenfolge finden wir im Judentum, aber auch manche Suren im Koran enthalten Verhaltensvorschriften, die mit unseren Geboten vergleichbar sind. Im Buddhismus werden unter »unheilsame Handlungen« jene Verhaltensverbote angesprochen, die wir in unseren Geboten finden. Damit sind die Gebote so etwas wie eine weltweit gültige Regel, wie ein Zusammenleben funktionieren kann. Viel früher als alle staatlichen Gesetze haben sie uns eine Richtschnur geliefert.

Wer mit den Geboten führt, der weiß sich in einer langen Tradition. Die Gebote der Bibel haben keine Macht, wir entscheiden uns frei, sie anzunehmen oder nicht. Sie bieten uns eine Grundlage an, aus der Orientierungslosigkeit herauszufinden und herauszuführen.

1. Du sollst keine fremden Götter neben mir haben.
Wie schön, unser Gott ist eifersüchtig! Damit wird er angreifbar und ist dem Menschen nahe. Er hat seine Menschen aus Liebe erschaffen. Er selbst will uns die Liebe schenken, und er will, dass seine Menschen zur Liebe fähig sind. Die Liebe ist das Größte; wer die Liebe nicht hat, der hat nichts. Die Eifersucht gehört also zur Liebe dazu, sie ist Teil des Ganzen und weist darauf hin, dass man sich nie ganz sicher sein kann, wie lange die Liebe besteht. Natürlich ist Vertrauen die Grundlage einer tragfähigen Beziehung, aber wenn es Grund gibt, an der Liebe zu zweifeln, dann sorgt die Eifersucht dafür, dass wir den Dingen auf den Grund gehen. Gottes Liebe ist echt und unendlich, nur wenn sich seine Menschen andere Götter schaffen, dann wird er von großem Zorn erfüllt. Und das ist auch die Kernaussage, die wir aus diesem ersten Gebot für die Führungsprozesse mitnehmen sollten.

Es geht darum, das Echte und Wesentliche in den Mittelpunkt unserer Führungsarbeit zu stellen: die Entwicklung eines jungen Menschen hin zu Gott und einem erfüllten Leben. Das ist in der heutigen Zeit eine wahrlich große Herausforderung, wo wir doch mit diesem Ansinnen einer großen Konkurrenz von Ersatzgöttern ausgesetzt sind. Die Fokussierung auf das Diesseits hat eine Konsumgesellschaft entstehen lassen, in der es um das möglichst intensive Auskosten des irdischen Lebens geht. Das Wort »Verzicht« ist voll und ganz aus der Mode gekommen, heute geht es um die Befriedigung aller möglichen Bedürfnisse, möglichst zeitnah und möglichst intensiv. Nicht mehr an seinen Charaktereigenschaften messen wir einen Menschen, es zählt vielmehr, was sich jemand leisten kann, welche Karriere er gemacht hat und ob er sich nach der neuesten Mode kleidet. Die Vergnügungsindustrie ist zum Gott der heutigen Zeit geworden. Wer den Sinn des Lebens in seiner Entwicklung als Mensch sucht, muss damit rechnen, belächelt zu werden. Wer der Droge des Konsums verfallen ist, wird immer mehr davon benötigen, um ein vermeintliches Glücksgefühl zu erlangen. Wer dem Geld nachjagt, wird nie zufrieden sein, weil es immer jemanden gibt, der mehr davon hat.

Führungsarbeit gemäß dem ersten Gebot heißt also, die Menschen anzuleiten, ihr Glück nicht nur in der Unterhaltung, im Konsum und in der Lustbefriedigung zu suchen, sondern in einem spannenden Entwicklungsprozess, der zu Erkenntnissen führt, bewusstes Handeln erzeugt und zur Reife führt. Dieses Werden geht nicht ohne Gott, der die Menschen erschaffen hat und sie eines Tages wieder zu ihm heimführen wird. Wer daran vorbeiführt, nimmt dem anvertrauten Menschen das wesentliche Element, das ihn ausmacht. Wer gar nicht führt, überlässt einen jungen Menschen ganz dem Diktat der Unterhaltungsindustrie und der Mode.

Du sollst neben mir keine Götter haben. Das heißt nicht, dass Gott dagegen ist, dass wir uns unterhalten und amüsieren.

Aber wir sollen es eben im rechten Maß tun. Entscheidend ist, dass wir ihn selbst, und die Entwicklung der Beziehung zu ihm, in den Mittelpunkt unseres Lebens stellen. Wenn wir nur den Ersatzgöttern nachlaufen, wird Gott zornig, vor allem aber traurig, weil wir uns nicht dem Entwicklungsprozess öffnen, den er für uns vorgesehen hat.

2. Du sollst dir kein Bild machen, du sollst den Namen Gottes nicht missbrauchen.

Der unfassbare Gott lässt sich nicht in den Rahmen unserer Vorstellungswelt pressen. Er selbst ist nicht greifbar und nicht sichtbar. Sichtbar ist nur sein Werk. Wir können Gott spüren, wenn wir unser Gewissen befragen, wenn wir im Gebet in Beziehung zu ihm treten, wenn wir auf Zeichen und Botschaften achten, die er uns schickt. Gott selbst bleibt unbegreiflich und unfassbar, das verunsichert uns und befremdet uns manchmal. Deswegen gab es zu allen Zeiten des Christentums Versuche, sich ein Bild von Gott zu machen. Wer das probiert, der schränkt ihn ein und akzeptiert nicht, dass da etwas viel Größeres ist, das sich mit dem menschlichen Verstand wohl erahnen lässt, aber eben nicht wirklich begreifen. Und daher wird der Name Gottes missbraucht, wenn wir alles daransetzen, ihn für unseren Verstand anschaulich zu machen.

Sobald wir uns ein Bild von Gott machen, legen wir ihn fest. Dann hat er plötzlich Eigenschaften, die uns passen, und andere, die uns weniger gut passen. Wenn jemand eine Beziehung mit Gott eingehen will, dann muss er ihn so nehmen, wie er sich offenbart. Da gibt es schöne Erlebnisse, wenn wir uns selbst im größten Glück befinden und dankbar dafür sind, dass uns dieser Moment geschenkt wurde. Da gibt es aber auch die Schattenseiten, wenn wir leiden und mit Gott hadern, anstatt anzunehmen, was uns geschickt wird, damit wir reifen können und uns entwickeln.

Im Namen eines Gottes, den wir uns selbst gebastelt haben, ist in der Geschichte der Menschheit schon viel Leid geschehen. Oft musste das von uns geschaffene Gottesbild als Rechtfertigung dafür herhalten, dass grausame Taten geschehen. Sein Name wurde und wird auch heute noch mit dem Schwert verbreitet. Das will Gott sicher nicht. Diese Aussage kann man treffen, ohne sich in Gefahr zu begeben, sich selbst ein falsches Bild von Gott zu machen.

Du sollst dir kein Bild von Gott machen, das ist auch ein Anspruch an uns als Führungskräfte. Wie oft neigen wir dazu, unsere eigenen Erwartungen und Wünsche in einen Führungsprozess einfließen zu lassen. Da geht es dann nicht mehr darum, was Gott mit einem uns anvertrauten Menschen vorhat, sondern darum, was wir als Führungskräfte aus dem anvertrauten Menschen machen wollen. Dann kann es passieren, dass wir einen Entwicklungsprozess einleiten, der zwar unseren Vorstellungen entspricht, aber eben nicht von Gott so gedacht war.

Jeder Mensch ist von Gott mit zahlreichen Talenten und Fähigkeiten ausgestattet worden. Der Führungsprozess besteht also in der Herausforderung, sich immer wieder damit zu beschäftigen, was Gott in diesem Menschen angelegt hat, und das Begleiten des Menschen danach auszurichten. Manchmal sind es Anlagen und Fähigkeiten, die unseren eigenen ähnlich sind, dann fühlen wir uns im Führungsprozess wohl, weil wir uns im anderen gespiegelt sehen. Manchmal aber kommen uns Anlagen und Fähigkeiten der zu führenden Person fremd vor. Dann wird der Führungsprozess zur Herausforderung, einen anderen so anzunehmen, wie er ist, und nicht so, wie wir ihn gerne hätten.

3. Du sollst den Tag des Herrn heiligen.
Die Sonn- und Feiertage sind in unserer Gesellschaft als Spuren des Heiligen geblieben, auch wenn sich die Menschen von

Gott entfernt haben. Gott hat uns in der Geschichte von der Erschaffung der Welt gezeigt, dass alles seine Zeit hat, die Arbeit, aber auch die Besinnung. *»Und Gott segnete den siebten Tag und erklärte ihn für heilig; denn an ihm ruhte Gott, nachdem er das ganze Werk der Schöpfung vollendet hatte.«* (2 Mose 2, 3) Der Mensch ist angehalten, sich eine Gotteszeit zu organisieren. Einen Tag in der Woche, der der Besinnung dient und der Auseinandersetzung mit dem Zweck seiner Existenz. Der freie Tag ist als eine von Gott eingeführte Auszeit zu verstehen, in der wir der Hektik des Alltags entfliehen sollen, um uns mit dem Sinn unseres Lebens und dem Auftrag, den wir erhalten haben, zu beschäftigen.

In früheren Zeiten war der Kirchgang am Sonntag für viele Menschen selbstverständlich. Man hatte diese Zeit mit Gott fest im Terminkalender eingeplant. Eine Auszeit, die der Vertiefung der Beziehung mit Gott diente, ein Ruhepol, der den Menschen immer wieder mit dem tieferen Sinn seiner Existenz in Berührung brachte. Heutzutage sind die Kirchen an gewöhnlichen Sonntagen kaum noch gefüllt. Auch die Feiertagsregelung wird zunehmend aufgeweicht. Am 8. Dezember, dem Fest der Aufnahme Mariens in den Himmel, sind die Geschäfte mittlerweile offen, damit der Wirtschaft kein Tag im lukrativen Weihnachtsgeschäft entgeht.

Den Tag des Herrn zu heiligen hat für die Führungsprozesse eine große Bedeutung. Wir sind aufgerufen, diesen freien Tag der Familie zu widmen, Zeit zu finden für die Beziehungs- und Führungsarbeit. Zumindest am Sonntag sollten wir gemeinsam in Ruhe beim Mittagessen sitzen, was sich unter der Woche tatsächlich nicht leicht einrichten lässt. Und wenn alle am Tisch versammelt sind, dann trägt ein kleines Tischgebet vor dem Essen dazu bei, das Spirituelle in die Familie hereinzulassen. Damit öffnet sich die Tischgemeinschaft für die Dankbarkeit dem Schöpfer gegenüber, dass auch an diesem Tag wieder alle satt werden. Führungskräfte in den Unternehmen sind angehalten, den Mitarbeitern diesen freien Tag mit der Familie zuzugestehen.

Ist uns Menschen heute überhaupt noch etwas heilig, oder nehmen wir uns wie selbstverständlich von allem, was uns in Liebe und Fürsorge angerichtet worden ist? Für Führungsprozesse besteht die Herausforderung, diesen Aspekt in die Führungsarbeit einfließen zu lassen. Demut und Dankbarkeit sind Begriffe, mit denen die Menschen heutzutage nicht mehr so viel anfangen können. Und doch ist es untrennbar mit der Würde des Menschen verbunden, sich immer wieder daran zu erinnern, dass nicht er sich selbst erschaffen hat, sondern dass das Leben ihm geschenkt worden ist. Wenn es im Führungsprozess gelingt, diesen Aspekt einzubringen, dann wird der anvertraute Mensch dem tieferen Sinn seiner Existenz näherkommen und Orientierung im großen Plan des Schöpfers finden. Die Führungskraft ist gefordert, diesen Reifungsprozess zu initiieren und zu begleiten, an jedem Tag, besonders aber am Tag des Herrn.

4. Du sollst Vater und Mutter ehren.
Mutter und Vater haben von Gott als erste und direkte Bezugspersonen im Leben eines Kindes eine sehr große Verantwortung übertragen bekommen. Sie sind aufgefordert, das Kind anzunehmen und nach besten Kräften auf einen Weg in ein gelingendes Leben zu führen. Die Eltern tragen also selbst einen großen Teil dazu bei, ob es den Kindern möglich wird, sie zu achten und zu ehren. Kinder beobachten genau, ob die Eltern als Vorbild bereit sind, selbst das zu tun, was sie sich von ihnen erwarten. Sie entwickeln auch ein gutes Gespür dafür, ob sie von den Eltern angenommen werden oder nicht.

Die Kinder sind aufgefordert, sich diesem Führungsprozess zu öffnen und sich auf ihn einzulassen. Ein Kind ehrt seine

Eltern, indem es erkennt, dass da jemand ist, der es gut mit ihm meint und sich seiner Entwicklung annimmt. Ein Führungsprozess wird nicht konfliktfrei ablaufen. Das ist schon deswegen so, weil jede Entwicklung erst möglich wird, wenn man sich auf Konflikte und Reibungen einlässt, aber auch deswegen, weil natürlich auch die Eltern nur Menschen sind. Mal gelingt eine Führungssituation besser, mal weniger gut, manchmal weiten sich Konflikte aus und können in Kränkung und Verletzung enden und in dem Gefühl des Kindes, nicht mehr geliebt zu werden.

Zum Ehren gehört das Verzeihen, und das ist etwas, was man den Kindern im Führungsprozess lehren muss. Indem man auch hier Vorbild ist, das Kind also erlebt, dass ihm verziehen wird, aber auch, indem man ihm selbst das Verzeihen lehrt, wenn es von den Eltern – oft ohne böse Absicht – gekränkt worden ist. Nur wer lernt zu verzeihen, kann frei werden, denn nur dann gelingt es, sich von negativen Gefühlen zu lösen, die eine Beziehung blockieren. Dies gilt für alle Beziehungen, in denen geführt wird, im Berufsleben genauso wie in der Familie.

Du sollst deine Eltern ehren, das heißt aber auch, du sollst nicht alles verleugnen, was deine Eltern und ihre Vorfahren an Kultur aufgebaut und von einer zur nächsten Generation weitergegeben haben. Eine Gesellschaft, die tradierte Werte über Bord wirft, ehrt die Eltern nicht. Sie stellt sich dagegen, von diesem Schatz der Erfahrungen, wie das Leben gelingen kann, zu profitieren. Eine Gesellschaft, die alles über Bord wirft, ehrt auch Gott nicht, den Vater unseres Lebens, der sich klar geäußert hat, wie er sich den Aufbau der Gesellschaft und des Zusammenlebens vorstellt. Wer seine Identität erfahren will, der muss bei seinen Wurzeln anfangen zu suchen. Eine Gesellschaft, die Wurzeln abschneidet, führt die Menschen in die Orientierungslosigkeit.

Die Eltern zu ehren heißt schließlich auch, den Generationenvertrag umzusetzen, der den alten Menschen einen Lebensabend in Würde und finanzieller Sicherheit ermöglicht. Betagte Menschen können sich nicht mehr wehren und sind abhängig von dem Wohlwollen der jüngeren Generationen. Gott ruft uns auf, zu achten und zu ehren. Die Kinder sollen die Eltern ehren und die Eltern die Kinder, indem sie sie als Geschöpfe Gottes annehmen und zur Reife führen. Letztlich wird dadurch Gott geehrt, der ein fruchtbares Zusammenleben von Alt und Jung in seinem Plan vorgesehen hat.

5. Du sollst nicht töten.
Das Wertvollste, was Gott uns geschenkt hat, ist das menschliche Leben. Und damit ist der Auftrag Gottes verbunden, das Leben in allen Phasen bedingungslos zu schützen. Der Herr gibt es, der Herr nimmt es. Der Mensch ist das Geschöpf und nicht der Schöpfer. Es gibt keine Rechtfertigung dafür, dass der Mensch sich selbst zum Herren über Leben und Tod macht. Damit überschreitet er seine Kompetenzen und stellt sich gegen den Plan Gottes. Du sollst nicht töten heißt also, du sollst das Leben schützen und bewahren, von Anfang an bis zum Tode. Die Achtung vor dem Leben zu lehren ist eine der zentralen Aufgaben im Führungsprozess. Es geht darum zu lernen, das Leben als Geschenk anzunehmen und zu schätzen.

Töten kann nie eine Lösung sein. Wir befinden uns inmitten von Kriegen, die uns brutal vor Augen führen, wie wenig Wert das Leben des Einzelnen hat, wenn es darum geht, Territorium zu gewinnen oder den Einfluss von totalitären Regimen auszubreiten. Oft geschieht das auch noch »im Namen Gottes«, wird vorgegaukelt, es sei der Wille Gottes, dass Menschen so grausam handeln. Radikalismus kann aber nie von Gott ausgehen, egal ob er linker oder rechter Ausprägung ist, und schon gar nicht, wenn er Glaubensgrundsätze mit der Waffe durchsetzen will. Der Krieg sei »immer eine Niederlage für die Menschheit«, ist als Aussage von Papst Johannes Paul II. überliefert, aus einer Zeit, in der er – schon von schwerer Krankheit gezeichnet – versucht hat, den Irakkrieg zu verhindern. Ein Krieg bringt großes Leiden und sinnloses Sterben mit sich, er reißt Gräben auf und sorgt für Wunden, die manchmal nie mehr ganz ausheilen. Johannes Paul II. war auch der erste Papst, der sich klar gegen die Todesstrafe ausgesprochen hat. Und man wundert sich, dass in sogenannten zivilisierten Ländern, auch in einem, das in der Weltherrschaft ganz oben steht, diese Form der Bestrafung noch immer nicht abgeschafft worden ist.

Sobald sich Ei- und Samenzelle verbinden, entsteht menschliches Leben. Und ab diesem Zeitpunkt muss es auch geschützt werden. Abtreibung kann also nie eine Lösung sein, auch dann nicht, wenn sie in den ersten Wochen der Schwangerschaft passiert. Das Problem ist damit nicht gelöst, im Gegenteil, man schafft dadurch einen Gewissenskonflikt, der eine Frau oft ein Leben lang verfolgt. Das Leben ist vom Anfang an zu schützen, bis zum natürlichen Ende.

An dieser Stelle ist auch die aktuelle Diskussion über die Sterbehilfe zu erwähnen. Aktive Sterbehilfe ist mit dem fünften Gebot nicht vereinbar. In der medizinischen Forschung sind wir heute so weit, dass man einem Schwerkranken die Schmerzen weitestgehend nehmen kann – das ist unsere Aufgabe, aber nicht die aktive Sterbehilfe. Wir sollen uns nicht zum Herrn über Leben und Tod machen. Weder am Anfang des Lebens, noch am Ende. Wir sollen auch nicht darüber entscheiden, welches Leben lebenswert ist und welches nicht.

Das Leben ist das Größte, was Gott uns gegeben hat, und das Leben anzunehmen und zu schützen ist die größte Verantwortung, die er uns übertragen hat. Wer sich zum Herren über das Leben macht, der stellt sich gegen Gott. Die Führungskraft ist angehalten, den Umgang mit dem großen Geschenk des Lebens verantwortungsvoll in den Führungsprozess einfließen zu lassen.

6. Du sollst nicht ehebrechen.
In diesem Gebot geht es um die Familie, die Tragsäule der Gesellschaft, die Keimzelle, in der neues Leben angenommen, umsorgt, behütet und entwickelt werden soll. *»Darum verlässt der Mann Vater und Mutter und bindet sich an seine Frau, und sie werden ein Fleisch sein«* (2 Mose 2, 24). Gott fordert uns mit diesem Gebot auf, Familien zu gründen und mit großer Sorgfalt darauf zu achten, dass sie nicht zerbrechen. Die Menschen gehen heute leichtfertig mit diesem Gebot um. Sie versprechen einander die Treue bis zum Tod, in guten und in schlechten Zeiten. Doch dieses Versprechen scheint nicht mehr sehr viel wert zu sein. Heutzutage werden 40 Prozent der Ehen, die in Deutschland geschlossen werden, auch wieder geschieden. Die Menschen trennen sich oft leichtfertig, man findet genug »Vorbilder« im Verwandten- und Freundeskreis, und bald steht wieder eine Familie vor dem Aus.

Die Krise der Familien ist natürlich ein Ausdruck der Krise der Gesellschaft. Wenn eine Scheidung in der öffentlichen Diskussion und in den Medien so dargestellt wird, als wäre daran nichts Außergewöhnliches, dann muss man sich nicht wundern, wenn die Hemmschwelle sinkt. Auch die allerorts geforderte Aufweichung der Rollenmuster ist für das Führen einer Ehe nicht gerade förderlich. Klar verteilte Rollen können eine Stütze sein und verhindern die ständige Diskussion über die Rollenverteilung zwischen Mann und Frau und die Konflikte, die sich daraus ergeben.

Führen nach dem sechsten Gebot heißt, den Kindern vorzuleben, wie man eine Partnerschaft und eine Familie gestaltet. Das heißt natürlich nicht, dass alles konfliktfrei ablaufen muss, im Gegenteil. Vorleben meint ja gerade, sich auseinandersetzen, um Konflikte auszuräumen und sich zu entwickeln. Es heißt aber auch, dass wir als Eltern die Partnerschaft nicht aufgeben, wenn die ersten Wolken aufziehen, die mitunter dunkelschwarz sein können. Wenn beide Elternteile bereit sind, immer wieder einen Weg zueinander zu suchen, dann findet sich auch eine Lösung in Konfliktsituationen. Heutzutage gibt es genügend Einrichtungen, die Paar- und Familientherapie anbieten. Solche Angebote sollte man auf jeden Fall in Anspruch nehmen, wenn man das Gefühl hat, dass die Partnerschaft, und damit auch die Familie, in einer schweren Krise steckt.

Natürlich gibt es auch Partnerschaften, die, aus welchen Gründen auch immer, völlig zerrüttet sind. Dann ist wohl oft wirklich eine Trennung der einzige Ausweg. Diesen Zustand erleben aber die wenigsten von uns, weil sie schon viel früher aufgeben. Wann immer eine Trennung ins Auge gefasst wird, sind wir aufgefordert, an das Leid der Kinder zu denken, das damit verbunden ist. Sie melden sich selten mit lauter Stimme, aber mit Tränen, die ihnen den Schlaf rauben, wenn eine Familie zerbricht.

Das sechste Gebot kann auch als Versprechen Gottes an uns interpretiert werden, dafür, dass es tatsächlich eine tiefe Liebe zwischen Partnern gibt. Eine Liebe, die gute Tage gemeinsam auskosten und schlechte Tage gemeinsam überstehen lässt. Eltern, die auch in Krisen immer wieder einen Weg zueinander suchen, geben durch dieses Verhalten eine wichtige Richtschnur im Führungsprozess. Kinder lernen dabei, dass es sich lohnt, darum zu kämpfen, dass die Keimzelle der Gesellschaft erhalten bleibt.

7. Du sollst nicht stehlen.
Die Achtung vor dem Eigentum eines andern ist eine wichtige Grundlage für die Entwicklung eines Menschen. Kinder müs-

sen lernen, dass nicht jedes Spielzeug ihnen gehört. Sie müssen aber auch schon früh genug lernen zu teilen. Ein Spielzeug kann man sich von anderen ausborgen, wenn man danach fragt und bereit ist, auch selbst anderen etwas zu borgen. Wer lernt, etwas herzugeben, der lernt zugleich auch eine andere wichtige Lektion: Ein Leben gelingt nicht, wenn man sich nur auf den materiellen Besitz und dessen Vermehrung konzentriert. Genau das Gegenteil ist der Fall: Der Überfluss an Materiellem versperrt uns den Weg zu innerem Frieden. Glücklich wird, wer weiß, dass man sich die wirklich schönen Dinge des Lebens nicht kaufen kann: die Liebe, die Zufriedenheit, die Begegnung mit Menschen, den Anblick der Natur, die Gesundheit, die Freude und die Erkenntnis. Ein Mensch, der diese Art von Glück und Frieden sucht, kommt auch nicht auf die Idee, einem anderen etwas zu stehlen.

Die Missachtung des siebenten Gebots erleben wir schmerzlich jeden Tag in der heutigen Gesellschaft. Wenige Reiche werden immer reicher, und immer mehr Menschen leben in Armut. Manager genehmigen sich selbst astronomisch hohe Gehälter und Abfertigungen, auf der anderen Seite stehen viele Menschen, die jeden Euro zweimal umdrehen müssen, bevor sie ihn ausgeben. Auch Jesus weiß um die Gier der Menschen nach materiellem Besitz und formuliert radikal: »*Eher geht ein Kamel durch ein Nadelöhr, als dass ein Reicher in das Reich Gottes gelangt*« (Mk 10,25). Wer sich selbst bereichert und dabei den anderen die Lebensgrundlage wegnimmt, der missachtet das siebente Gebot. Wer sich auf den Weg zu Gott machen will, muss nach echtem Reichtum streben. Dabei geht es nicht um das Materielle, sondern um Menschlichkeit.

Man kann den Menschen auch die Ehre stehlen – das erleben wir in den Hetzkampagnen, wie wir sie immer wieder in den Medien finden. Auch die sozialen Netzwerke bieten eine Plattform dafür, andere schlechtzumachen. Hier sind die

Eltern gefordert, jungen Menschen klarzumachen, dass herabwürdigende Aussagen über andere und die Preisgabe von vertraulichen Informationen ein Diebstahl von Privatsphäre sind und im Internet nichts verloren haben.

In intakten Familien geht es heutzutage zwar weniger darum, darauf hinzuweisen, dass man anderen Menschen nicht ihr Eigentum stehlen darf. Das ist einsichtig und steht außer Streit. Trotzdem hat das siebente Gebot im Führungsprozess eine große Bedeutung. Junge Menschen müssen zu der Erkenntnis geführt werden, dass es auch eine andere Art von Diebstahl gibt, weil man immer anderen etwas wegnimmt, wenn man sich selbst im Übermaß bedient. Auch an dieser Stelle ist wieder das Vorleben entscheidend. Wer selbst immer alles haben will und nur an materiellen Dingen interessiert ist, der färbt mit dieser Einstellung natürlich auf seine Kinder ab. Führen nach dem siebenten Gebot heißt also, den jungen Leuten mitzugeben, dass sie bewusst mit materiellen Dingen umgehen sollen, dass sie bereit sein sollen zu teilen mit jenen, die weniger haben.

8. Du sollst kein falsches Zeugnis ablegen.
In diesem Gebot geht es um die Wahrheit. Darum, eine Situation so zu beschreiben, wie sie sich zugetragen hat, ohne Verdrehungen oder Ausschmückungen, die für uns einen Vorteil bedeuten würden. Es geht aber auch um die Darstellung der eigenen Meinung so, wie wir sie in diesem Augenblick empfinden, und nicht so, wie sie andere gerne hören würden.

Das falsche Zeugnis ist heutzutage allgegenwärtig. Wir rechnen damit und wundern uns nicht mehr darüber. Im Gegenteil, wir akzeptieren, dass man sich einen Vorteil verschaffen kann, indem man die Dinge nicht ganz so darstellt, wie sie sind, und wir machen auch selbst oft genug davon Gebrauch. Politiker malen uns vor der Wahl die Welt in den schönsten

Farben aus, Journalisten schreiben ihre Storys möglichst reißerisch, und wer in einem Unternehmen weiterkommen will, profiliert sich auf Kosten anderer.

Wie viel Wahrheit verträgt unsere Welt? Es scheint so, dass wir uns damit abgefunden haben, dass wir ständig belogen werden, und mitunter auch froh darüber sind, wenn manche Sachverhalte nicht in ihrer vollen Klarheit dargestellt werden. Dann können wir die Beschäftigung mit diesem Thema von uns fortschieben. Als Beispiel ist hier die Rentenproblematik anzuführen. Die Politiker gaukeln uns ständig vor, dass wir uns keine Sorgen um unsere Renten machen sollen. Wenn wir die demographische Entwicklung der Bevölkerung ansehen, dann können wir leicht ausrechnen, dass da sehr wohl ein großes Problem auf uns zukommt. Mit vielen anderen öffentlichen Aussagen verhält es sich ähnlich. Immer gibt jemand falsches Zeugnis ab, um sich einen Vorteil zu verschaffen oder um zu beschwichtigen.

Anders verhält es sich mit den Notlügen, bei denen man nicht die Wahrheit sagt, um andre zu schützen. Die kleinen Lügen als Gefälligkeit sind natürlich auch akzeptabel, da schadet die Wahrheit oft mehr, als sie nützt. Und auch die kleinen Geheimnisse, die man für sich behält, gehören hierher. Man muss nicht alles über einen anderen wissen.

Für den Erziehungsprozess ist es besonders wichtig, jungen Menschen zu lehren, dass sie kein falsches Zeugnis von sich selbst abgeben. Wir machen junge Menschen stark, wenn wir ihnen den Mut mitgeben, dazu zu stehen, was sie fühlen, auch wenn sie sich damit gegen den Zeitgeist stellen. Junge Menschen sollen auch lernen, Zeugnis von ihrer Gefühlslage abzugeben. Sie müssen nicht immer nur cool sein, sondern sollen lernen zu zeigen, was ihnen Freude bereitet, aber es auch zulassen, wenn sie etwas ärgert oder traurig macht.

Der Umgang mit der Lüge ist ein wichtiges Thema im Erziehungsprozess. Wenn die Eltern den Kindern das Gefühl geben, dass sie immer zu ihnen kommen können, egal was sie angestellt haben, dann wird keine Notwendigkeit zur Lüge bestehen. Die Lüge wertet den Menschen ab, weil damit das Vertrauen in die Wahrheit seiner Aussagen schwindet. Wer den Kindern den Mut zur Wahrheit mitgibt und die Bereitschaft, ein echtes Zeugnis abzulegen, auch wenn damit Konsequenzen verbunden sind, der macht junge Menschen stark.

9. Du sollst nicht begehren deines Nächsten Frau.
Auch dieses Gebot zielt auf die Erhaltung der Familie ab. Es geht darum, im Verlangen nach Liebe und Zärtlichkeit den eigenen Partner in den Mittelpunkt zu stellen. Für Menschen, die in einer Beziehung leben, meint dieses Gebot: Du sollst deinen eigenen Partner begehren. Für Singles ist es die Aufforderung, nicht in die Familie eines anderen einzubrechen. Jesus wird in diesem Zusammenhang sehr deutlich. Für ihn ist nicht nur der Ehebruch sündig, sondern schon der Gedanke an die Tat: *»Ich aber sage euch: Wer eine Frau auch nur lüstern ansieht, hat in seinem Herzen schon Ehebruch mit ihr begangen.«* (Mt 5,28) Gemeint ist hier das Spiel mit dem Feuer, das schon für viele Familien ein jähes Ende bedeutet hat. Gott kennt die Schwächen des Menschen, deswegen hat er uns auch ganz direkt aufgefordert, gerade in diesem Punkt achtsam zu sein. Die Ehe ist in Gottes Vorstellung etwas, was er selbst im Himmel bindet und was der Mensch nicht trennen soll. Mit der Familie hat der Mensch ein großes Geschenk empfangen, aber auch eine Verantwortung. Er ist nicht mehr frei in seinen Entscheidungen, weil alles, was er tut, eine Auswirkung auf das gesamte System hat.

Das Begehren des Partners ist der Klebstoff, der eine Beziehung zusammenhält. Dabei ist natürlich nicht nur die körperliche Nähe gemeint. Es geht vor allem um ein Urvertrauen und um Zeichen der Achtung und Anerkennung, die ihren Ausdruck in einer wertschätzenden Kommunikation und kleinen Aufmerksamkeiten finden. Eine Partnerschaft muss gepflegt werden, wenn sie Bestand haben soll. Ein echtes Interesse für den anderen ist dafür die Voraussetzung, ebenso die Bereitschaft der Teilnahme an Entwicklungsschritten des Partners auf seinem Lebensweg. Ein echtes Interesse an der Partnerschaft und der Familie hilft uns, darauf zu achten, dass diese Wege immer wieder zueinanderführen.

Beim Führen nach dem neunten Gebot ist wiederum das Vorleben der Eltern sehr wichtig. Wenn Kinder erleben, dass ihre Eltern auch in Krisensituationen immer wieder aufeinander zugehen und bereit sind, Energie in die Lösung von Konflikten zu investieren, dann werden sie davon für ihr Leben lernen. Wenn Kinder erleben, dass für die Eltern Partnerschaft und Familie einen so großen Stellenwert haben, dass sie bereit sind, sich dafür nach besten Kräften dafür einzusetzen, dann werden auch sie den Wert von einer stabilen Partnerschaft und einer intakten Familie erkennen und in sich aufnehmen. Kinder werden beziehungsfähig, wenn sie durch das Vorbild der Eltern gelernt haben, wie man eine tragfähige Beziehung gestaltet.

Umgekehrt werden Kinder natürlich ebenso davon geprägt, dass eine Partnerschaft aufgegeben wird. Wenn ein Vater die Familie verlässt, weil er zu einer Freundin zieht, dann bricht für die Verlassenen eine Welt zusammen. Nicht nur für die Frau, die oft Hals über Kopf vor diese Tatsache gestellt wird, sondern vor allem auch für die Kinder. Nichts ist mehr, wie es früher war. Die Kinder verlieren das Grundvertrauen in Partnerschaft und Familie und werden dann mit dieser Bürde auf ihren Lebensweg geschickt.

10. Du sollst nicht begehren deines Nächsten Hab und Gut.

Das letzte der Zehn Gebote beschäftigt sich mit einer Geißel, die die Menschheit fest im Griff hat. Es geht um den Neid und die Missgunst. Anderen nichts zu gönnen ist heute sehr verbreitet, und auch das Gefühl, dass es andere viel besser getroffen haben als man selbst. Wir verfallen in Selbstmitleid oder in Aggression gegen andere, die das Leben anscheinend besser bedient. Natürlich geht es auch hier immer nur um materielle Dinge. Wir ärgern uns darüber, dass der Nachbar das größere Haus gebaut hat, und können die Schadenfreude nicht verhehlen, wenn er in finanzielle Schwierigkeiten gerät und sich die Rückzahlungen für dieses Haus nicht mehr leisten kann.

Die Gier strebt immer nach dem Wunsch, Erster zu sein. Wir erkennen das zum Beispiel bei Sportveranstaltungen. Bei einem wichtigen Skirennen geht es nur um den Sieger, vielleicht auch noch um den zweiten und dritten Platz, wenn bei einer Weltmeisterschaft oder olympischen Spielen Medaillen vergeben werden. Wirklich in Erinnerung bleibt aber nur der Olympiasieger, wer Zweiter oder Dritter war, weiß nach einiger Zeit kein Mensch mehr. Auf diesem Prinzip baut auch unsere Marktwirtschaft auf. Sie gibt dem Menschen die Freiheit zum Wettbewerb und zum Gewinnstreben und öffnet damit der Gier nach immer mehr Gewinn Tür und Tor.

Du sollst nicht begehren deines nächsten Hab und Gut. Warum hat Gott uns dieses Gebot mit auf den Weg gegeben? Damit wir uns auf das Wesentliche konzentrieren können, damit wir frei werden von der Sucht nach Erfolg und materiellen Werten. Nur ein freier Mensch wendet sich der Suche nach dem Sinn des Lebens zu, nur jemand, der nicht dem Geld und den materiellen Werten verfallen ist und sein Leben danach ausrichtet, kann irgendwann Gott finden. Das Begehren nach materiellen Dingen macht abhängig und unfrei. Die Öffnung fürs Wesentliche im Leben führt zu Erkenntnis und Entwicklung und zu wahrer Freiheit.

Glück setzt immer eine Akzeptanz dessen voraus, was ist. Vor lauter Begehren dessen, was andere haben, finden wir nicht die Zeit, das zu sehen, was uns selbst geschenkt worden ist. Und davon gibt es wohl im Leben eines jeden Menschen genug aufzuzählen. Wer ein Zuhause hat, in dem er sich wohl fühlen kann, und sich die Notwendigkeiten des Alltags leisten kann, der ist doch beschenkt.

Führen nach dem zehnten Gebot ist gerade in der heutigen Zeit eine sehr große Herausforderung. Kinder und Jugendliche werden im Zusammensein mit ihren Klassenkameraden und Freunden ständig mit Kaufzwängen konfrontiert. Wenn ein Freund ein neues Handy hat, ein anderer einen neuen Computer, dann wollen die eigenen Kinder natürlich nicht nachstehen. Aber auch die Kleidung ist immer wieder ein Anlass, das Begehren zu entfachen, etwa wenn ein Freund schon wieder eine neue Hose einer bestimmen Marke trägt. Wenn andere etwas haben, was man selbst nicht hat, dann meldet sich sofort der Impuls: »Ich will das auch haben.« Kinder nach dem zehnten Gebot zu führen heißt, genau an diesem Automatismus mit ihnen zu arbeiten. Wenn es gelingt, dass die Kinder lernen, bewusst statt reflexartig mit materiellen Wünschen umzugehen, dann ist ein Schritt in die richtige Richtung getan. Wenn es dann noch gelingt, die Gier nach dem Materiellen insgesamt einzuschränken und dafür die Lust auf Erkenntnis und Entwicklung zu entfachen, dann wird damit eine wichtige Entwicklung hin zu einem gelingenden Leben eingeleitet.

Die Benediktsregel

»Höre, mein Sohn, auf die Weisung des Meisters, neige das Ohr deines Herzens, nimm den Zuspruch des gütigen Vaters willig an, und erfülle ihn durch die Tat.« (Prolog/1)

Die Benediktsregel hat seit über 1500 Jahren die Kultur unserer Gesellschaft mitgeprägt. Das Werk wurde ursprünglich als Grundlage der Abläufe, Strukturen und Führungsprozesse in Klöstern geschrieben und gilt für die Klöster des Benediktinerordens auch heute noch als Leitbild. Die Regel hat nichts an Aktualität verloren, im Gegenteil, gerade in der heutigen Zeit, wo wir anscheinend nicht mehr wissen, wie Führen geht und wohin wir führen sollen, bietet uns die Benediktsregel fundierte und praktische Hilfe.

Benedikt wurde im 5. Jahrhundert in dem kleinen Städtchen Nursia, etwa hundert Kilometer nordöstlich von Rom geboren. Dort wuchs er mit seiner Schwester Scholastika wohlbehütet im Kreise einer christlich geprägten Familie auf. Als junger Mann wurde er nach Rom geschickt, um ein Studium zu beginnen. Das Rom der damaligen Zeit war dekadent und laut, und Benedikt hielt es dort nicht lange aus, sondern zog sich in die Einsamkeit der Sabiner Berge zurück. Drei Jahre lang lebte er dort in einer Höhle, um Gott zu finden. Danach gründete er mehrere Klöster und ließ sich schließlich in Montecassino nieder, wo er ebenfalls ein Kloster gründete. Dort starb er um circa 550 n. Chr.

Benedikt interessierte sich sehr dafür, wie das Zusammenleben einer Gemeinschaft zu gestalten ist, damit ein gemeinsames Ziel erreicht werden kann. Er war auf der Suche nach Strukturen, Abläufen und Inhalten, die sicherstellten, dass sich eine Gemeinschaft gemeinsam hin zu Gott entwickeln konnte. Er wollte in seinen Strukturen aber auch Raum für die Unterschiedlichkeit der einzelnen Menschen geben, damit jeder seinen Platz finden konnte. Die Grundlage der Benediktsregel ist die Bibel. Daraus schöpft er und überträgt wichtige Aussagen über die Führung von Menschen auf sein Werk. Außerdem orientierte er sich an frühen Aufzeichnungen über das Zusammenleben der ersten Mönchsgemeinschaften, die es schon vor Christi Geburt gab. Benedikt experimentierte mit Strukturen und Abläufen, sammelte Erfahrungen und war schließlich in seiner Erkenntnis so weit gelangt, dass er die Regel schreiben konnte. Er wusste sich in dieser Aufgabe von Gott geführt und wusste, dass »*das Gute in ihnen nicht durch eigenes Können, sondern durch den Herrn geschieht*« (Prolog, 29).

Die Benediktsregel ist in 71 Kapitel unterteilt und bietet detaillierte und umfassende Anweisungen für das Leben in den Klöstern. Benedikt hat an alles gedacht. Er gibt dem Tag eine feste Struktur, damit sich alle auskennen und zurechtfinden. Er legt aber nicht nur die Abläufe fest, sondern gibt auch Anweisungen, wie etwas zu geschehen hat. Er schreibt über ethische und moralische Grundlagen, über die Liebe als oberstes Prinzip in der Führung von Menschen, über die Demut als Grundhaltung für jede Entwicklung und über die Notwendigkeit, in allem das rechte Maß zu finden. Er führt Funktionen ein, damit es für die einzelnen Belange Verantwortliche gibt. Benedikt gibt auch Anweisungen für die Verpflegung der Mönche, für Arbeits- und Ruhezeiten und die Rangordnung im Kloster. Die Regel ist eine praktische Anleitung dafür, wie man eine Gemeinschaft zu Gott führt und die einzelnen Menschen dabei abholt und mitnimmt.

Benedikt spricht die Menschen im Herzen an. Er lädt sie ein, sich für einen Weg der spirituellen Entwicklung zu öffnen. Er zeigt den Mönchen mit diesem Werk einen Weg aus der Gefangenschaft von egoistischen Zwängen und Bedürfnissen, materiellen Dingen und Nebensächlichkeiten, um sie für etwas Größeres zu öffnen.

Schon im zweiten Kapitel finden wir zahlreiche Aussagen und Leitsätze, die für unser Thema »Führen nach Gottes Vorbild« von Bedeutung sind. Benedikt stellt dabei den Abt als oberste Führungskraft eines Klosters in den Mittelpunkt. Er hat sehr hohe Ansprüche an das Führungsverhalten des Obersten, weil der als Stellvertreter Christi im Kloster dafür sorgen soll, dass in seinem Haus eine organisierte Nachfolge Christi geschehen kann. Der Abt ist die zentrale Schaltstelle für alle Prozesse im Kloster. Er ist der Hüter der Ordnung, aber auch verantwortlich dafür, dass die Brüder den Sinn der Ordnung verstehen. Er ist aufgefordert, die Liebe in den Mittelpunkt seiner Handlungen zu stellen, als oberstes Prinzip, noch wichtiger als die Ordnung. Die Klosterordnung ist also nicht dafür da, den Menschen einzuschränken, sondern dafür, ihm Orientierung zu geben und ihn frei zu machen für die Öffnung zu Gott. Der Abt ist verantwortlich dafür, dass die Gemeinschaft funktioniert und die einzelnen Mönche einen Führungsprozess erleben können, der ihre Anlagen entwickelt und auf einen Weg hin zu Gott bringt. Die Benediktsregel gibt ihm dafür eine Richtschnur, als praktisches Führungsbuch, das Grundlagen der Führung beleuchtet und daraus genau beschriebene Handlungen ableitet.

Aus den ersten Klostergemeinschaften des Benedikt von Nursia ist der Benediktinerorden geworden, der größte Orden der Christenheit, der auf der ganzen Welt aktiv ist. Über 25.000 Nonnen und Mönche leben in circa 800 Einrichtungen des Ordens. Die Benediktiner sind ein Orden, der sich nicht hinter die Klostermauern zurückzieht, sondern aktiv auf die Menschen zugeht und seinen Beitrag zur Entwicklung der Gesellschaft leistet. Heute noch werden zahlreiche Schulen und Internate öffentlichen Rechts betrieben. Menschen finden Arbeit in den Betrieben der Klöster, aber auch die Missionsarbeit in Afrika, Südamerika und Asien hat einen großen Stellenwert.

Auch andere Ordensgemeinschaften orientieren sich bis heute an der Benediktsregel. Zur Verbreitung der Regel hat sich einst Karl der Große besonders verdient gemacht. Der Kaiser hatte von dieser Regel gehört und ließ sich eine Abschrift nach Aachen kommen. Er war angetan von diesem umfassenden Werk und legte fest, dass sich alle Klöster im karolingischen Reich nach dieser Regel orientieren sollten. Karl der Große übertrug den Benediktinern das Schulwesen und legte damit den Grundstein dafür, dass sich dieses Gedankengut über die Jahrhunderte fest in unserer Kultur eingepflanzt hat.

In Folgenden wollen wir nun einige Kernaussagen der Benediktsregel darstellen und davon ableiten, wie wir von diesem Werk für unser Thema »Führen nach Gottes Vorbild« profitieren können.

1. Den Auftrag annehmen
»Stets denke er daran: Er hat die Aufgabe übernommen, Menschen zu führen, für die er einmal Rechenschaft ablegen muss« (2, 34).

Führen ist eine große Aufgabe und stellt den eigentlichen Sinn des Lebens dar: Menschen anzunehmen, zu fördern und zu fordern, um die Weichen für ein gelingendes Leben zu stellen. Am Beginn des Lebens sind die Eltern gefordert, sich des Kindes anzunehmen und ihm Orientierung zu geben. Aber auch alle anderen Führungspersonen, auf die das Kind im Laufe seines Lebens trifft, formen an seiner Entwicklung mit und sind aufgefordert, in einen echten Führungsprozess einzusteigen. Anlagen und Fähigkeiten werden einem Menschen von Gott mitgegeben. Es ist die Aufgabe der Führungskräfte, dieses Geschenk zu erkennen und zu fördern.

Der Mensch wird, wie bereits erwähnt, unfertig geboren. Er ist darauf angewiesen, dass jemand da ist, der sein Überleben sichert und ihn bei seiner Entwicklung begleitet. Er hat ein Recht auf einen Führungsprozess und darf darauf hoffen, dass da jemand ist, dem seine Entwicklung nicht egal ist. Gott vertraut uns die Menschen an, damit wir – stellvertretend für ihn – Entwicklungsarbeit leisten und das anvertraute Leben zur Reife führen. Und wenn Führen und Entwickeln der Sinn des Lebens ist, dann ist es auch genau jener Auftrag, der alle Menschen angeht, als Kern unserer Aufgabe in diesem Leben. Und irgendwann werden wir gefragt werden, was wir aus den Menschen gemacht haben, denen er uns zur Seite gestellt hat.

2. Der Grundsatz der Führungsarbeit
»*Wir wollen also eine Schule für den Dienst des Herrn einrichten*« (Prolog, 45).

Bevor wir mit dem Führen anfangen, müssen wir uns fragen, wohin wir führen wollen. Unsere Handlungen als Führungskraft legen den Weg fest, den ein junger Mensch in Angriff nimmt. Wohin soll also die Reise gehen? Welches Leben wollen wir fördern und entwickeln? Wenn es ein wahrhaftiges Leben sein soll, dann muss es ein Weg sein, der abseits der Moden und Trends zum Kern dessen führt, was uns Menschen ausmacht. Ein Leben, das auf ethischen Grundsätzen und moralischen Werten aufbaut und Traditionen achtet. Ein Leben, das nicht auf materiellen Besitz und Habgier ausgerichtet ist, sondern ein Leben, das Sinn hat und Sinn stiftet.

»*Eng ist der Weg, der zum Leben führt.*« (5,11) Benedikt weiß, dass es alles andere als leicht ist, diesen Weg zu gehen. Zu oft stehen uns Egoismus, Selbstgefälligkeit, Neid und Missgunst im Wege. Wenn unsere Begleitung der Menschen »eine Schule für den Dienst des Herrn« sein soll, dann müssen wir genau daran arbeiten, uns von diesen Zwängen zu lösen, um frei zu werden für den Ruf Gottes und unsere Beziehung zu ihm. Die Eltern sind in dieser Schule die ersten Lehrer und können mit dem Kind gemeinsam diesen Weg einschlagen, von Anfang an. Wer lernt, sich für das Spirituelle zu öffnen, der wird irgendwann mit Gott in Beziehung treten, Botschaften und Zeichen erhalten, die nur für ihn bestimmt sind und ihn auf seinen Weg bringen.

3. Die Liebe
»Immer gehe ihm Barmherzigkeit über strenges Gericht, damit er selbst Gleiches erfahre. Er hasse die Fehler, er liebe die Brüder.« (64,10–11)

Die Liebe ist das Grundsätzliche im Führungsprozess. Sie ist die Voraussetzung dafür, dass wir die Menschen annehmen. Wir geben Liebe und zeigen die Liebe vor, und damit machen wir andere Menschen fähig zu lieben. Am Anfang ist es eine bedingungslose Liebe, die wir dem anvertrauten Kind schenken. Je älter es wird, desto mehr muss es lernen, dass Liebe auch etwas ist, das man sich verdienen kann, indem man sich für einen Führungsprozess öffnet und an Regeln hält. Verhalten und Liebe werden so aneinandergekoppelt und bedingen sich gegenseitig. Die Liebe ist aber das oberste Prinzip und wird dem Verhalten immer wieder von Neuem eine Chance geben, sich zu entwickeln.

Barmherzigkeit ist also wichtiger als das strenge Gericht und fordert uns im Führungsprozess zur Nachsicht auf. Zugleich die Fehler zu hassen und die Brüder zu lieben meint, dass man Werte, Normen, Regeln und Vorschriften als Notwendigkeit der Entwicklung anerkennt, aber auch weiß, dass Entwicklung einen ständigen Prozess voraussetzt, der nie abgeschlossen ist. Fehler sind also ein Abweichen vom Weg, das immer wieder vorkommen wird und die Liebe keinesfalls infrage stellen darf. Vielmehr muss eine Führungskraft solche Fehler als Aufforderung verstehen, immer wieder in den Führungsprozess einzusteigen.

4. Die Ordnung
»… gehen wir mit Gottes Hilfe daran, den Mönchen eine Ordnung zu geben.« (1, 13)

Gott hat uns eine umfassende Ordnung mitgegeben. Die Ordnung des Alls umgibt uns jeden Tag und wirkt auf uns ein.

Wir erleben ein Zusammenspiel von Tag und Nacht, Wachsen und Reifen, Säen und Ernten, Leben und Tod in einem immer wiederkehrenden Prozess. Genauso gibt es eine Tradition der Ordnung in den sozialen Strukturen unserer Gesellschaft, die sich über Jahrhunderte bewährt hat. Allen voran die Familie, als Keimzelle und Basis unseres Zusammenlebens. Wer gegen die Familie ist, der rüttelt an den Grundfesten unserer Gesellschaft und an der göttlichen Ordnung, die Mann und Frau zusammengeführt hat.

Wer immer ein soziales System erfolgreich führen will, muss Regeln und Normen aushandeln und festmachen, um Orientierung zu geben. Die Ordnung ist das Natürliche, und die Führungskraft ist aufgefordert, den Führungsprozess auf die Basis geordneter Abläufe zu stellen. Wenn die Ordnung feststeht, muss nicht jedes Mal neu verhandelt werden, was denn nun zu tun ist. Benedikt weiß, dass die feste Struktur des Tages ein hohes Maß an Orientierung gibt. Und er fordert die Führungskräfte auf, solche Strukturen einzuführen, *»denn niemand soll verwirrt und traurig werden im Hause Gottes«* (31, 19). Wer jungen Menschen zu viel Eigeninitiative zumutet, der überfordert sie. Wer ihnen feste Strukturen bietet, der nimmt sich ihrer an.

5. Die Beständigkeit
»Bei der Aufnahme verspreche er in Gegenwart aller Beständigkeit.« (58,17)

Ein Mönch, der in ein Benediktinerkloster eintritt, bleibt in der Regel ein Leben lang dort, allenfalls für besondere Aufgaben oder zur Ausbildung wird er eine Zeit lang woanders hingeschickt. Die Beständigkeit des Ortes ist für Benedikt eine wesentliche Voraussetzung für die Entwicklung eines Menschen. Wenn man über längere Zeit hindurch am selben Ort ist, muss man sich wohl oder übel mit seiner Umwelt konfrontieren. Man muss sich einer Gemeinschaft unterordnen und sich auf Konfliktsituationen einlassen. Der Mensch wird so immer wieder an die Grenze seiner Komfortzone geführt und lernt sich dadurch besser kennen. Und wo keine Möglichkeit zur Flucht besteht, bleibt ihm auch gar nichts anderes übrig, als sich auf den Konflikt mit seiner Umwelt einzulassen und daran zu reifen.

Gott fordert vor allem von jenen Menschen Beständigkeit, die er als Mütter oder Väter in die Familien stellt. Bei der Heirat versprechen die Eltern diese Beständigkeit, indem sie geloben, an guten und in schlechten Tagen füreinander da zu sein. In Familien wird es immer wieder Krisen und Konflikte geben, die die Eltern manchmal vor scheinbar unlösbare Aufgaben stellen. Dann sind wir gefordert auszusprechen, was uns belastet und bedrückt, und gemeinsam nach Lösungen zu suchen. Für die Entwicklung der Kinder ist die Beständigkeit der Familie eines der wichtigsten Elemente.

6. Das Vorbild
»Er mache alles Gute und Heilige mehr durch sein Leben als durch sein Reden sichtbar« (2/12).

Der Abt ist nach der Vorstellung Benedikts in allem ein Vorbild. Er ist natürlich kein Übermensch, sondern einer mit Stärken und Schwächen, Ecken und Kanten. Es gibt aber bestimmte Prinzipien, die auch für den Abt nicht zur Disposition stehen. Als Hüter der Ordnung ist er aufgefordert, selbst vorzuzeigen und einzuhalten, was er von seinen Mönchen erwartet. Wenn die Tagesstruktur das erste gemeinsame Gebet früh am Morgen vorsieht, dann kann es natürlich nicht angehen, dass der Abt unentschuldigt davon fernbleibt oder zu spät kommt. Und wenn es zur Ordnung gehört, beim Frühstück zu schweigen, dann gilt das selbstverständlich auch für den Abt.

Eine Gemeinschaft achtet sensibel darauf, ob die Führungskräfte das auch vorzeigen, was sie von anderen erwarten. Das gilt im Kloster genauso wie in der Wirtschaft, im Schulbetrieb und natürlich in der Familie. Wer selbst nicht das tut, was er von anderen erwartet, wird unglaubwürdig. Der Führungsprozess kommt ins Stocken, weil sich Menschen nicht von unglaubwürdigen Führungskräften entwickeln lassen. Für Benedikt ist das Vorleben wichtiger als das Reden. Menschen, die sich verschließen, erreicht man nicht durch Reden. Einen Vortrag kann man über sich ergehen lassen, ohne dass man die Botschaften aufnimmt. Das gelebte Vorbild hat eine viel größere Wirkung.

7. Das rechte Maß
»*Nehmt euch in Acht, dass nicht Unmäßigkeit Euer Herz belaste*« (39, 9).

Der Umgang mit dem rechten Maß ist ein Thema, das Benedikt sehr am Herzen liegt. Er fordert in der Regel, in allem Maß zu halten; nichts soll übertrieben werden, aber jeder sollte in ausreichender Menge bekommen, was er zum Leben braucht. Dies gilt auch für das Gute. Benedikt sorgt dafür, dass die Mönche neben dem anspruchsvollen Tagesablauf, der aus Beten, Arbeiten und Lesen besteht, auch ausreichend Zeit für die Erholung finden. Der Abt ist verantwortlich dafür, dass nichts übertrieben wird, auch nicht das Fasten. Er muss sich in der Gabe der Unterscheidung üben, was guttut und was nicht, und seine Gemeinschaft auf den Weg zum Guten bringen.

Der Umgang mit dem rechten Maß ist auch im Erziehungsprozess ein wichtiger Faktor. Nehmen wir zum Beispiel den Medienkonsum, der sich heutzutage zur Geißel der Gesellschaft entwickelt hat. Es spricht nichts dagegen, wenn sich ein Kind am Tag eine bestimmte Zeit mit Medien beschäftigt. Wenn das aber in einen uneingeschränkten Medienkonsum ausartet, dann kann damit nicht das rechte Maß getroffen worden sein. Ebenso ist es auch beim Essen. Natürlich wollen wir, dass unsere Kinder satt werden. Wenn sich das Kind aber jederzeit an der Naschlade bedienen darf, dann ist damit nicht das Maß getroffen, das dem Kind guttut. Die Führungskraft ist also gefordert zu geben, was nötig ist, aber auch einzuschränken, wenn das Maß voll ist.

8. Der Gehorsam
»Der erste Schritt zur Demut ist Gehorsam ohne Zögern« (5, 1).

»Gehorsam« ist ein Begriff, mit dem wir heutzutage wenig anfangen können. Damit ist aber nicht das bedingungslose Erfüllen von Befehlen gemeint, sondern das Hören. Wer gehorsam ist, hört auf die Worte seiner Führungskraft, er nimmt sie in sich auf und handelt danach. Auch der Begriff »Demut« ist den modernen Menschen fremd und wird immer wieder falsch interpretiert. Es geht dabei nicht um Unterwürfigkeit, es geht darum zu erkennen, dass es etwas Höheres gibt, das uns leiten und entwickeln will. Jemand, der uns das Leben und den Geist geschenkt hat, jemand, der will, dass wir mit ihm in Beziehung treten.

Wenn ein Führungsprozess gelingen soll, müssen Demut und Gehorsam eingeübt werden. Man kann von einem Kind erwarten, dass es kleine Aufträge, ohne zu murren, erfüllt, ob es nun darum geht, das Spielzeug wegzuräumen oder die Hausschuhe anzuziehen. Nur wer lernt zu hören und umzusetzen, wird frei von egoistischen Schranken, die der Entwicklung entgegenstehen. Die Demut ist der Anfang einer Öffnung des Menschen für etwas Größeres. Nur wer sich selbst nicht zu sehr in den Mittelpunkt stellt, sondern lernt zu hören, wird Gott auf seinem Lebensweg finden. Die Führungskräfte sind dabei der Wegweiser.

9. Das situative Führen
»Er lasse sich vom Gespür für den rechten Augenblick leiten und verbinde Strenge mit gutem Zureden. Er zeige den entschlossenen Ernst des Meisters und die liebevolle Güte des Vaters« (2/24).

Die Ordnung ist für Benedikt die Basis, auf der alles Leben im Kloster abläuft. Sie ist dem Grundsatz nach nicht diskutabel, gilt für alle und ist einzuhalten. Wer gegen die Ordnung handelt, hat mit Sanktionen zu rechnen, denn der Abt darf auf »*keinen Fall [...] darüber hinwegsehen, wenn sich jemand verfehlt*« (2, 26). Benedikt legt auch fest, welche Strafen bei welchen Verfehlungen anzusetzen sind. Er sorgt aber auch dafür, dass die Brüder daran nicht verzweifeln, und beschreibt, wie man jene trösten soll, die eine Strafe bekommen haben. Benedikt kennt die Schwächen der Menschen und kommt ihnen ein Stück entgegen. Wer beim Morgengebet etwas zu spät kommt, bekommt die Chance, sich bis zu einer bestimmten Zeit in den Kreis der Brüder einzufinden. »*Man singt Psalm 66 ohne Antiphon wie am Sonntag, etwas langsam, damit alle beim Psalm 50 anwesend sind.*« (13,2) Wer aber nach dem ersten Psalm noch nicht auf seinem Platz ist, hat mit einer Zurechtweisung zu rechnen. Benedikt weiß, dass ein System nur funktionieren kann, wenn es eine Struktur gibt, die für alle gilt. Trotzdem mahnt er, auch im Umgang mit Verfehlungen das rechte Maß zu finden. Für den Führungsprozess heißt das, dass die Liebe über der Ordnung stehen muss und dass es immer Ausnahmen geben muss, ohne dass die Ordnung insgesamt infrage gestellt wird.

10. Fördern und Fordern

»*Wenn ich meine Herden unterwegs überanstrenge, werden alle an einem Tag zugrunde gehen*« (64, 18).

Benedikt fordert seine Mönche. Die Aufgaben innerhalb eines Tages sind klar strukturiert. Die gemeinsamen Gebetszeiten bilden das Rückgrat des Tagesablaufes, vom Morgengrauen bis zur Nacht. Jeder Mönch hat aber auch körperliche Arbeit zu verrichten. Dienste in Küche und der Hauswirtschaft sind zu erledigen sowie die Arbeit in den klostereigenen Handwerks- und Forstbetrieben. Hinzu kommt noch die »geistliche Lesung« als Grundlage der Entwicklung jedes Einzelnen. Benedikt legt aber auch ausreichend Ruhezeiten fest, damit niemand sich überanstrenge.

Benedikt mahnt, bei der Zuteilung der Ämter und Aufgaben maßvoll darauf zu achten, was einem Mönch zuzumuten ist. Die Aufgaben müssen herausfordernd sein, dürfen aber auch keine Überforderung sein, »*damit die Starken finden, wonach sie verlangen, und die Schwachen nicht davonlaufen*« (64,19). Wer für eine Aufgabe vorgesehen ist, der muss gefördert werden, damit er sie eines Tages erfüllen kann. Wer eine Aufgabe bekleidet, von dem wird gefordert, dass er sie nach der gültigen Ordnung der Gemeinschaft durchführt. Fördern und Fordern sind wichtige Bausteine eines Führungsprozesses, um Entwicklung zu ermöglichen. Die Überforderung ist dabei genauso schlecht wie die Unterforderung.

11. Für Beschäftigung sorgen
»*Müßiggang ist der Seele Feind. Deshalb sollen die Brüder zu bestimmten Zeiten mit Handarbeit, zu bestimmten Stunden mit heiliger Lesung beschäftigt sein.*« (48,1)

Benedikt will nicht, dass seine Mönche den Tag vergeuden. Jeder Tag ist uns geschenkt worden, vom Aufgang der Sonne bis zum Untergang, damit wir uns entwickeln. Unsere Zeit soll also sinnvoll verwendet werden, und da der Mensch dazu neigt, den Weg des geringsten Widerstands zu gehen, braucht er Führungskräfte, die ihn mit sinnvoller Tätigkeit beschäftigen. Sonst schleicht sich der »Müßiggang« ein, der »Feind der Seele«, wie Benedikt sagt. Die Seele jedes Menschen strebt nach Entwicklung. Da aber jedes Lernen mit Anstrengung verbunden ist, braucht es eine Anleitung und eine Kontrolle, damit es tatsächlich passiert.

Die Führungskraft ist also verantwortlich dafür, den Tag

der anvertrauten Menschen durch sinnvolle Tätigkeiten zu strukturieren. Lernen muss ermöglicht werden, aber nicht nur das Ansammeln von Wissen, sondern auch jenes Lernen, das die Persönlichkeit eines Menschen formt und bildet. An dieser Stelle sind wiederum nicht nur die Eltern gefordert, sondern alle Führungskräfte, auf die der Mensch im Laufe seines Lebens trifft. Müßiggang ist der Feind der produktiven Arbeit im Beruf und natürlich, und vor allem, der Feind der Seele, die sich nach einer Beziehung mit Gott sehnt. Wer Menschen auf den Weg zu Gott bringen will, der muss sie mit der Auseinandersetzung mit Gott beschäftigen.

12. Die Verantwortung

»Die Schuld trifft den Hirten, wenn der Hausvater an seinen Schafen zu wenig Ertrag feststellen kann.« (2,7)

Wenn Führen und Entwickeln der Sinn des Lebens ist, dann kommt den Menschen, die einen Führungsprozess gestalten sollen, eine große Verantwortung zu. Sie sind aufgefordert, zu fördern und zu ermöglichen, was Gott mit den Menschen vorhat. Die Führungskraft ist verantwortlich dafür, dass der anvertraute Mensch seine Talente und Anlagen erkennt und ausbaut und seinen Platz und seinen Auftrag in der Schöpfung findet. Wer führt, ist der »Hirte«, der die »Schafe« zusammenhält und auf den richtigen Weg führt. Diese Verantwortung kommt in der frühen Phase eines Menschenlebens den Eltern zu und stellt wahrlich eine große Herausforderung dar. Die Kindheit ist die Phase der Prägung eines jungen Menschen. Was das Kind in seiner Familie lernt, nimmt es mit auf den Lebensweg; was noch nicht gelernt wurde, muss später mit Mühe nachgeholt werden, oder es bleibt überhaupt auf der Strecke.

Man muss als Führungskraft vor der Größe dieser Aufgabe aber keine Angst haben. Führungsarbeit wird nie perfekt gelingen, Höhepunkte gehören genauso zur Tagesordnung wie

Rückschläge. Was aber für einen gelingenden *Führungsprozess* auf jeden Fall mitgebracht werden muss, ist die Absicht, sich ernsthaft darauf einzulassen und die Verantwortung anzunehmen. Wer Rat sucht, dem wird geholfen. Die Benediktsregel eignet sich ausgezeichnet als Ratgeberin für die suchende Führungskraft. *»Wenn du also zum himmlischen Vaterland eilst, wer immer du bist, nimm diese einfache Regel als Anfang und erfülle sie mit der Hilfe Christi.«* (73,8)

Die Fragetechnik

»Als sie Gott, den Herrn, im Garten gegen den Tagwind einherschreiten hörten, versteckten sich Adam und seine Frau vor Gott, dem Herrn, unter den Bäumen des Gartens. Gott, der Herr, rief Adam zu und sprach: Wo bist du? Er antwortete: Ich habe dich im Garten kommen hören; da geriet ich in Furcht, weil ich nackt bin, und versteckte mich.« (1 Mose 3,8–10)

Der Ausschnitt beschreibt eine Begebenheit im Paradies. Gott hatte Adam und Eva verboten, vom Baum der Erkenntnis zu essen. Sie taten es doch. Dann erkannten sie, dass sie nackt waren, schämten sich voreinander und vor Gott und versteckten sich. Gott suchte Adam, so wie er auch heute noch die Menschen immer wieder sucht und anspricht. Er stellte ihm die Frage: »Wo bist du?«, eine Frage mit großer Tragweite. Sie bezieht sich nämlich nicht nur auf den Ort, an dem sich Adam gerade befindet, sie zielt vielmehr darauf ab, Adam bewusst zu machen, dass er vom rechten Weg abgekommen ist. Führen nach dem Vorbild Gottes heißt demnach, mit Fragen zu führen. Damit wird der geführte Mensch in den Mittelpunkt gestellt. Er wird angehalten, sich mit seinem Verhalten zu beschäftigen und damit, was es ausgelöst hat. Gott hält also keinen Vortrag über das Fehlverhalten, wie wir das heutzutage immer wieder tun. Gegen Vorträge oder Unmutsäußerungen kann man sich gut wehren. Man hört einfach nicht hin und wartet ab, bis sich die Führungskraft wieder beruhigt hat. Gott stellt eine Frage. Die erste Frage in einem Führungsprozess, die überliefert worden ist. Gute Fragen treffen in das Innere des Menschen. Sie sprechen einen Sachverhalt konkret an und beziehen die geführte Person unmittelbar in den Führungsprozess mit ein. Fragen lösen Emotionen aus, geben Feedback und leiten den Prozess der Klärung eines Problems ein. Gegen Fragen kann man sich nicht wehren. Einmal ausgesprochen, stehen sie im Raum und verlangen, bearbeitet zu werden.

Die Frage: »Adam, wo bist du?«, hat in den Führungsaufgaben, die Gott uns anvertraut hat, eine enorme Bedeutung. Gott fordert uns als Führungskräfte auf, immer wieder die Frage zu stellen: »Mensch, wo bist du?« Wir sind angehalten, Begleiter zu sein auf dem Weg, den Gott für einen bestimmten Menschen vorgesehen hat. Wir sind aufgefordert, an Weggabelungen mit Rat und Tat zur Seite zu stehen. Wir dürfen begleiten, fördern, fordern, loben und auch tadeln. Wann immer diese Führungselemente in Frageform formuliert werden, sind sie für die anvertraute Person die größte Hilfe, weil sie damit selbst erkennt, was der rechte Weg ist. Wir stellen uns nicht als Führungskraft in den Mittelpunkt und wollen selbst glänzen, wir stellen die geführte Person in den Mittelpunkt, damit der anvertraute Mensch wachsen kann und seinen Weg selbst findet.

In der deutschen Sprache beginnen die Fragewörter mit »W«. Man spricht deshalb auch von den »W-Fragen«, die einen Führungsprozess besonders effektiv gestalten.

Am Beginn steht also ein Fragewort, der weitere Inhalt der Frage dreht sich um den Problemkern. Wichtig ist zu wissen, dass die beste Frage ihre Wirkung verliert, wenn wir die Pause danach nicht abwarten. Es bedarf einer Stille von ein paar Sekunden, damit die Frage beim anderen ankommen kann, im Kopf verstanden und im Bauch bewertet wird, bis schließlich die Emotion spürbar wird, die mit dieser Frage ausgelöst wird.

Wer mit Fragen führt, dem ist bewusst, dass er selbst als Führungskraft nicht alles besser weiß und dass der Ansatz für die Lösung des Problems im Gegenüber angelegt ist. Wer sich selbst zu gerne reden hört und das Zuhören nur als tote Zeit zwischen zwei eigenen Redebeiträgen versteht, der wird als Führungskraft wenig Wirkung erzielen. Wer führen will, der muss sich auf andere einlassen, zuhören und verstehen, Feedback geben und Einsicht erzeugen. Das geht mit Fragen viel besser als durch Reden. Die Führungskraft hat also die Aufgabe, Fragen zu stellen, die geeignet sind, den anvertrauten Menschen selbst die Lösungen aus sich heraus entwickeln zu lassen. Dann handelt es sich um Lösungen, die von Einsicht und Erkenntnis getragen und damit auch von Bestand sind, weil nichts angeschafft wurde, sondern die Verantwortung bei dem bleibt, der zum Handeln aufgefordert ist.

Wer mit Fragen führen will, der muss lernen, die Fragen so zu formulieren, dass sie im anderen den beabsichtigten Nachdenk- und Erkenntnisprozess auslösen. Hierfür sollte sich die Führungskraft einen Katalog mit Fragen anlegen, die sich im Führungsprozess bewährt haben. Dieser Fragenkatalog wird sich mit der Zeit immer mehr mit brauchbaren Fragen füllen. Und wenn die Führungskraft für die wiederkehrenden Situationen noch nicht die passenden Fragen parat hat, dann ist sie aufgefordert, sich darüber Gedanken zu machen. So wird der Führungsprozess nicht von spontanen Äußerungen gestaltet, sondern systematisiert in die richtige Richtung gelenkt. Er passiert dann nicht mehr zufällig, sondern geordnet.

Führen mit Fragen heißt aber auch, die Geführten dazu zu ermutigen, ihrerseits Fragen zu stellen. Alle Fragen, die Kinder,

Jugendliche und Erwachsene in ihrer Entwicklung weiterbringen, sind wichtig. Besonders sind natürlich die Fragen zu fördern, die über das irdische Leben hinausgehen und mit Gott und dem Sinn unserer Existenz zu tun haben. Anlässlich des katholischen Weltjugendtages in Köln 2005 forderte Papst Benedikt XVI. in einer Rede die Lehrer auf, die Schüler zu lehren, wieder mehr Fragen zu stellen. Es müssen aber Fragen sein, die bis zu Gott reichen, denn alles andere reicht nicht weit genug!

Der Führungsprozess, der auf Fragen aufbaut, ist eine Auseinandersetzung mit anvertrauten Menschen, der sie ernst nimmt, abholt und behutsam zur Reife bringt. Die Führungskraft nimmt sich dabei selbst zurück und stellt die Entwicklung des anderen in den Mittelpunkt. Es müssen Fragen sein, die den Sachverhalt klar ansprechen und dabei den anderen trotzdem nicht verletzen. Und die Wirkung einer Frage ist, wie schon erwähnt, erst dann komplett, wenn die Pause danach abgewartet wird. Sehen wir uns im Folgenden ein paar Beispiele an, wie man mit guten W-Fragen und Pausen nach den Fragen den Kern eines Problems zum Thema macht.

Führungssituationen mit W-Fragen gestalten

1) Das Kind verheimlicht, dass es etwas verbockt hat
Kinder müssen lernen einzugestehen, wenn sie etwas angestellt haben, und dass man das Problem nicht löst, wenn man es vertuscht. Die Eltern andererseits sind aufgefordert, die Führungsbeziehung so zu gestalten, dass es ein Grundvertrauen gibt, das das Ansprechen von Verfehlungen möglich macht.
- Warum ist es wichtig, einzugestehen, dass man etwas angestellt hat?
- Was glaubst du, was ich mit dir besprechen will?

2) Das Kind langweilt sich
Wir alle kennen die Situation. Das Kind liegt faul vor dem Fernseher und sieht sich irgendetwas an, damit die Zeit vergeht. Jetzt ist eingreifen angesagt, damit das Kind das Gefühl bekommt, dass Lebenszeit etwas Wertvolles ist und dass man bewusst damit umgehen sollte.
- Was willst du an diesem Tag, den Gott dir geschenkt hat, noch Sinnvolles machen?
- Wenn ich mir jetzt Zeit für dich nehme, was könnten wir dann gemeinsam tun?

3) Das Kind will ein Hobby aufgeben
Ein Kind fängt damit an, ein Musikinstrument zu erlernen. Es bemerkt nach einiger Zeit, dass damit erheblicher Aufwand verbunden ist, und will die Beschäftigung wieder aufgeben. Die Eltern sind aufgefordert, an dieser Stelle klarzumachen, dass das Leben nur dann gelingt, wenn man bereit ist, sich anzustrengen.
- Was lernst du denn für dein Leben, wenn du bei der ersten Schwierigkeit aufgibst?
- Wie können wir die notwendige Übungszeit in deinen Wochenplan einbringen, damit du dich nicht überfordert fühlst?

4) Das Kind zankt sich ständig mit anderen Kindern
Der Kindergeburtstag ist zu Ende, die anderen Kinder haben das Haus wieder verlassen. Die Mutter ist genervt, weil sich das Kind ständig mit anderen Kindern über Kleinigkeiten gestritten hat. Höchste Zeit, mit dem Kind ein Gespräch über dieses Verhalten anzufangen, damit ihm sein Verhalten bewusst wird.
- Was glaubst du denn, was ich mit dir besprechen will?
- Wie hast denn du den heutigen Nachmittag erlebt?

5) Das Kind verweigert den Gehorsam
Die Eltern wollen dem Kind eine Aufgabe übertragen. Das Kind weigert sich und bringt alle möglichen Ausreden. Es kommt zu einem Streitgespräch, das Kind zieht sich weinend in sein Zimmer zurück. Die Eltern sind nun aufgefordert zu warten, bis sich das Kind wieder beruhigt hat, um dann die Situation in Ruhe aufzuarbeiten.
- Was sagt denn dein Gewissen dazu, dass du dich den Anordnungen der Eltern widersetzt?
- Wie sollen wir denn damit umgehen, dass du dich nicht führen lässt?

6) Der Jugendliche lehnt sich gegen Regeln auf
Wer sich gegen Regeln auflehnt, hat den Sinn nicht verstanden, warum sie eingeführt worden sind. Oder er nimmt das Missachten von Regeln bewusst zum Anlass, sich mit der Führungskraft in einen Konflikt zu begeben. Was immer der Grund dafür ist, im Führungsprozess muss dieses Fehlverhalten bearbeitet werden.
- Was war der Grund dafür, dass wir diese Regel eingeführt haben?
- Was hältst du von einer Führungskraft, die Regeln aufstellt, aber das Einhalten nicht einfordert?

7) Der Jugendliche nimmt seine Rolle als Vorbild nicht wahr
Ältere Geschwister denken kaum daran, dass sie den jüngeren ein Vorbild sind. Die Kleinen lernen von den Großen durch Nachahmung. Deswegen ist es wichtig, den Jugendlichen bewusst zu machen, dass sie zur Entwicklung der Jüngeren beitragen können. Wenn ein schlechtes Vorbild gegeben wird, müssen die Eltern eingreifen.
- Was lernt deine kleine Schwester von dir, wenn du dich so verhältst?

- Wie musst du dich verhalten, dass du deiner kleinen Schwester ein Vorbild bist?

8) Der Jugendliche führt Dienste für die Gemeinschaft nicht ordnungsgemäß durch
Hier geht es um die typischen Arbeiten, die in der Gemeinschaft einer Familie anfallen, wie Müll wegtragen, Geschirrspüler ausräumen, Zimmer aufräumen. Die Jugendlichen müssen lernen, dass jeder seinen Beitrag leisten muss. Die Eltern haben klare Aufgaben zu verteilen und dafür zu sorgen, dass sie wahrgenommen werden.
- Was haben wir denn bezüglich des Wegtragens des Mülls vereinbart?
- Wer ist bei uns für das Rasenmähen zuständig?

9) Der Jugendliche beteiligt sich an der Erniedrigung eines Klassenkameraden
Immer wieder kommt es vor, das Gruppen gemeinsam auf einen Schwächeren losgehen. Dem Jugendlichen ist klarzumachen, dass er in dieser Situation auch ganz anders regieren hätte können und dass es von Schwäche zeigt und nicht von Stärke, wenn man Spaß daran hat, andere zu demütigen.
- Wie hättest du dich gefühlt, wenn du anstelle deines Klassenkameraden gewesen wärst?
- Wie hätte ein starker Charakter in dieser Situation reagiert?

10) Der Jugendliche hat sich ein sehr teures Kleidungsstück gekauft
Jugendliche geben gerne viel Geld für Markenware aus. Selbst wenn das Budget einer Familie einen solchen Kauf ermöglicht, sollte man in der Führungsarbeit mit den Jugendlichen daran arbeiten, warum der Kauf von Markenware für ihn so wichtig ist.
- Welche Bedeutung hat es für dich, dass dieses Markenlogo auf deiner neuen Jacke steht?

- Was bedeutet es, wenn sich ein Mensch über den Wert seiner Kleidung definiert?

11) Der Mitarbeiter hat eine Vereinbarung nicht eingehalten
Es geht darum zu lernen, dass Vereinbarungen einen Sinn haben und dass mit Konsequenzen zu rechnen ist, wenn sie nicht eingehalten werden. Wer das Einhalten von Vereinbarungen nicht einfordert, der muss in Zukunft nichts mehr vereinbaren, weil der Geführte schnell erkennt, dass es der Führungskraft damit selbst wohl nicht so ernst ist.
- Wie soll ich damit umgehen, wenn zwischen uns getroffene Vereinbarungen nicht eingehalten werden?
- Wie würde es dir gehen, wenn wir Vereinbarungen träfen und ich mich nicht daran hielte?

12) Der Mitarbeiter fühlt sich mit einer übertragenen Aufgabe überfordert
Wenn Mitarbeiter bei der Durchführung von übertragenen Aufgaben nicht weiterkommen, ist der Grund dafür oft in Überforderung zu suchen. Sie wissen nicht genau, wie sie die Aufgabe angehen sollen, und lassen sie liegen. Die Vorgesetzten sind aufgefordert, der Sache nachzugehen und eine Klärung herbeizuführen.
- Was ist der Grund dafür, dass diese Aufgabe noch nicht erledigt ist?
- Was muss geklärt werden, damit Sie diese Aufgabe durchführen können?

13) Der Mitarbeiter strengt sich nicht an
Die Führungskraft hat das Gefühl, dass ein Mitarbeiter sein Potential nicht ausschöpft und den Weg des geringsten Widerstands geht. Sie hat dann ein Gespräch zu suchen, das das Thema »Anstrengung« als Teil der Entwicklung des Menschen zum Inhalt hat.

- Woran erkenne ich, dass Sie sich für dieses Unternehmen einsetzen?
- Wie hängen denn »Entwicklung« und »Anstrengung« Ihrer Meinung nach zusammen?

14) Der Mitarbeiter verbreitet ein Gerücht
Irgendjemand hat irgendetwas über ein anderes Teammitglied gehört. Schon macht die Botschaft die Runde und bringt die Person in Bedrängnis, über die das Gerücht verbreitet wurde. Die Führungskraft muss eingreifen und allen bewusst machen, wie leicht mit einem solchen Vorgehen das Klima in einem Team vergiftet wird.
- Was lösen Sie damit aus, wenn Sie Gerüchte verbreiten?
- Wie würde es Ihnen damit gehen, wenn jemand über Sie Gerüchte verbreitet?

15) Der Mitarbeiter nimmt übertragene Führungsaufgaben nicht ernst
Hier haben wir es mit einem Mitarbeiter zu tun, der selbst ein kleines Team von Mitarbeitern führt. Aus diesem Team kommen immer wieder Meldungen, dass sich die Mitarbeiter einen intensiveren Führungsprozess wünschen. Das Thema muss nun dringend angesprochen werden.
- Was glauben Sie, wie gut sich Ihre Mitarbeiter durch Sie geführt fühlen?
- Welche Erwartungen haben Sie selbst an eine Führungskraft?

Die Beispiele machen deutlich: Mit den W-Fragen ist das Thema angesprochen. Es wurde aus dem Unbewussten geholt und der bewussten Bearbeitung zugänglich gemacht. Die Einstiegsfrage formuliert das Problem konkret, für die weitere Bearbeitung des Themas ist es notwendig, Vertiefungsfragen zu stellen, bis die Einsicht erreicht wird. Danach geht es um die konkrete Formulierung von überprüfbaren Vereinbarungen und Handlungen, damit in Zukunft in ähnlichen Situationen besser und bewusster reagiert werden kann.

Vertiefungsfragen im Führungsprozess
- Was glaubst du, warum es mir wichtig ist, das Thema mit dir anzusprechen?
- Warum ist das Thema wichtig für deine Entwicklung?
- Wie genau hat sich die Situation abgespielt?
- Wie hast du diese Situation erlebt?
- Welche Gefühle hat diese Situation bei dir ausgelöst?
- Wer war daran beteiligt?
- Wie haben die einzelnen Personen in dieser Situation agiert?
- Was war dein innerer Antrieb für diese Handlung?
- Was hast du mit dieser Handlung ausgelöst?
- Was sagt dein Gewissen dazu?
- Welche alternativen Handlungsmöglichkeiten hätte es gegeben?
- Welche davon hätte dich auf deinem Weg am ehesten weitergebracht?
- Was hast du aus dieser Situation gelernt?
- Wie können wir sicherstellen, dass du in Zukunft in ähnlichen Situationen bewusster reagierst?
- Welchen Entwicklungsschritt musst du gehen, um dieses Thema für dich zu bearbeiten?
- Welche Unterstützung brauchst du dafür?
- Was wollen wir nun konkret vereinbaren?
- Was haben wir nun vereinbart?
- Wer ist verantwortlich dafür, dass diese Vereinbarung umgesetzt wird?
- Wann wollen wir wieder über dieses Thema reden?

Einen Menschen auf den richtigen Weg zu bringen heißt, ihn damit zu konfrontieren, was sein Verhalten in bestimmten Situationen ausgelöst hat, um damit das Lernen und die Entwicklung am konkreten Beispiel zu ermöglichen. Der Rahmen, in dem dieses Lernen vor sich gehen soll, ist der Wille Gottes, den wir aus seinen Werken, den Schriften und den konkreten Verhaltensrichtlinien wie den Zehn Geboten erkennen können. Einen Menschen zu Gott zu führen heißt, Abweichungen von diesem Weg anzusprechen und ihm Möglichkeiten zu zeigen, wie er wieder auf diesen Weg zurückfindet. Gott hilft uns in diesem Führungsprozess, indem er dem Menschen das Gewissen mit auf den Weg gegeben hat. Der Mensch kann also selbst erkennen, was das Richtige ist und was das Falsche. Allerdings neigt er dazu, diesen Prozess der Erkenntnis von sich wegzuschieben, und deswegen braucht es Führungskräfte, die nicht müde werden, den anvertrauten Menschen immer wieder damit zu konfrontieren.

Wenn wir die Menschen erreichen wollen, dann müssen wir sie direkt in den Erkenntnisprozess einbinden. Dazu reicht es nicht, wenn eine Führungskraft einen Vortrag hält oder ihre Meinung kundtut, denn die Geführten neigen dazu, diese Aussagen nicht an sich heranzulassen. Wer Menschen erreichen will, der muss Fragen stellen. Durch die Antworten auf konkrete Fragen lässt ein Mensch ein Thema an sich heran und beschäftigt sich tatsächlich damit. So gelingt es, Einsichten zu erzeugen, Lösungsmöglichkeiten zu entwickeln und konkrete Handlungen zu vereinbaren. Ein Mensch, der lernt, sich selbst im Spiegel zu betrachten und sich mit den Auswirkungen seiner Handlungen zu beschäftigen, öffnet sich für einen Entwicklungsprozess. Ein Mensch, der lernt, sich in seinem Handeln von seinem Gewissen leiten zu lassen, ist auf dem Weg zu Gott.

6. Kapitel: Auf dem Weg zu Gott

Ist es an der Zeit, wieder einmal an Gott zu denken?

Herr, unser Herrscher, wie gewaltig ist dein Name auf der ganzen Erde; über den Himmel breitest du deine Hoheit aus ... Was ist der Mensch, dass du an ihn denkst, des Menschen Kind, dass du dich seiner annimmst?« (Ps 8,2–5)

Gott denkt also an uns. Er will mit uns in Beziehung treten, er will sich des Menschenkindes annehmen. Die Frage ist nun, ob wir bereit sind, auf dieses Angebot Gottes einzugehen. An dieser Stelle möchte ich vor allem jene Menschen ansprechen, die schon lange nicht mehr an Gott gedacht haben und für die Gott zurzeit in ihrem Leben kaum eine Bedeutung hat. Vielleicht haben Sie sich von den Ausführungen in diesem Buch ein wenig mitreißen lassen und fragen sich nun, ob Sie tatsächlich darangehen wollen, sich für eine Beziehung mit Gott zu öffnen und Gottes Beispiel in Ihr Verhalten als Führungskraft einfließen zu lassen – in allen Führungssituationen, ob beruflich oder privat, in denen Gott auf Sie zählt.

Jahrhundertelang hatten die Menschen daran keinen Zweifel und richteten ihr Leben darauf aus, dass es einmal die Erfüllung in Gott finden würde. Heute ist es modern geworden, sich von Gott abzuwenden und ihn nicht mehr in das eigene Leben hineinzulassen. Der Mensch will selbst Gott sein, er will das Leben und den Tod beherrschen. Er konzentriert sich auf das Diesseits, wirft tradierte Werte über Bord und wundert sich, wenn in der Gesellschaft plötzlich nichts mehr geht.

Wer sich für ein Leben ohne Gott entscheidet, der klammert den wesentlichen Teil dessen, was uns ausmacht, einfach aus und lässt eine jahrtausendalte Tradition nicht an sich herankommen. Aber auch solche Menschen entkommen dem Göttlichen nicht, weil sie in den Bräuchen und Riten der Gesellschaft, die es trotz allem noch gibt, immer wieder damit konfrontiert werden. Man ist zu einer Taufe oder einer kirchlichen Trauung eingeladen oder wird mit Fragen konfrontiert, die die Kinder aus dem Religionsunterricht mitbringen. In solchen Situationen erlebt der Mensch immer wieder ein leises Anklopfen des Göttlichen in seinem Herzen. Warum machen wir die Türe nicht auf? Was haben wir zu verlieren, wenn wir uns auf eine Beziehung mit Gott einlassen? Haben wir nicht viel mehr zu gewinnen, wenn wir uns auf die Spur des Göttlichen in unserem Leben führen lassen, wenn wir nicht nur den Göttern der heutigen modernen Gesellschaft dienen? Wer gierig dem immer größeren Gewinn nachstrebt, wird nicht glücklich werden, und wer sein Glück nur in materiellen Dingen sucht, wird auf seinem Lebensweg nicht sehr weit kommen. Irgendwann kommt jeder von uns an das Ende seines Lebens. Was wird dann für uns noch wichtig sein? Sicher nicht die materiellen Dinge, vielleicht aber die Entwicklung, die wir in diesem Leben gemacht haben, die Qualität der Führungsprozesse, auf die wir uns eingelassen haben, und die Antwort auf die Frage, ob wir dem Ruf des Göttlichen gefolgt sind oder nicht.

Kann man glauben lernen? Der vernunftgeprägte Mensch der heutigen Zeit will immer naturwissenschaftlich einwandfreie Nachweise, damit er an etwas glaubt. Er orientiert sich lieber an Dingen, die er selbst steuern kann, als an dem Spirituellen, das natürlich immer geheimnisvoll bleibt. Der Mensch glaubt zwar an den Urknall, geht aber nicht davon aus, dass es eine ordnende Hand gebraucht hat, um die unendlich große Masse zu dem geordneten Weltall zu formen, das wir heute kennen. *»Beim Anblick der Werke erkannten sie den Meister nicht ...«*

(Weish 13,1) Das ist in etwa so, als erwartete man, dass sich aus der Explosion einer Druckerei ein Lexikon bildet.

Wie kann jemand wissen, ob es Gott gibt, wenn er sich noch nicht auf eine Beziehung mit ihm eingelassen hat? Wie soll jemand, der glaubt, dass mit dem Tod alles aus ist, lernen, über seine irdische Existenz hinauszusehen? Ist nicht die Schöpfung genug Beweis, dass es Gott gibt? Sind nicht die kleinen und großen Wunder des täglichen Lebens Beweis genug, dass da jemand ist, der mit uns in Beziehung treten will? Spüren wir nicht selbst in uns, dass wir nicht nur eine Summe von Zellen sind, sondern dass es der Geist und die Seele sind, die uns in Wahrheit ausmachen?

Wer anfangen will zu glauben, der kann sich mit einem Mann aus Galiläa beschäftigen, diesem Jesus von Nazareth, der von Gott zu den Menschen geschickt worden ist, um uns zu zeigen, wie sich Gott ein gelingendes Leben vorstellt. Das Leben des Jesus ist ja auch noch nicht gar so lange her. Man muss nicht bis zum Urknall zurückgehen, sondern nur zweitausend Jahre. Das klingt natürlich auch sehr viel, liegt aber kaum siebzig Generationen zurück. Und dieses Leben ist exakt dokumentiert. Wir finden im Neuen Testament der Bibel die vier Evangelien, die das Leben Jesu nachvollziehen. Seine Aussagen, Wunder und Werke sind im Detail dargestellt. Auch sein Tod und seine Auferstehung. Viele Menschen haben diese Wunder persönlich erlebt und sich von Jesus und seinem Werk ansprechen lassen. Es gab aber auch viele, die sich von diesem Jesus bedroht gefühlt und ihn als Hochstapler abgetan haben. Dafür musste er sterben, aber durch die Auferstehung ist er ein bleibendes Licht geworden. Seine Apostel sind Zeugen davon geworden, und viele von ihnen wurden dafür hingerichtet, dass sie diesem Zeugnis nicht abschwören wollten. Wirft jemand sein Leben weg, wenn er nicht wirklich Großes gesehen hat? Wie tief muss eine Erfahrung sein, dass sie einem Menschen wichtiger ist als sein Leben?

Ja, glauben kann man lernen. Ein Mensch, der Ja sagt zu Gott, erkennt schnell, dass Gott mit ihm in eine Beziehung tritt. Wenn man einmal Ja gesagt hat, dann muss man sich nicht mehr damit beschäftigen, ob es Gott gibt oder nicht. Diese Frage ist ja auch ein Schutzmechanismus. Wer mit Nein antwortet, für den ändert sich nichts, wenn sich auch manchmal tief im Herzen eine Sehnsucht regt. Wenn jemand aber mit Ja antwortet, dann beginnt eine Reise, die natürlich auch mit Aufwand verbunden ist. Nichts wird von selbst. Und wer eine Beziehung zu Gott beginnen und intensivieren will, der muss in dieses Vorhaben Zeit und Energie investieren. Ich persönlich denke wieder an Gott seit meinem ersten Besuch bei den Benediktinern im Winter 2008. Ich bitte um Zeichen, die mir ein Licht auf meinem Weg sind.

An diesem Tag befand ich mich am Flughafen Hannover, um meinen Rückflug nach Österreich anzutreten. Ich hatte ein Seminar mit Führungskräften eines großen deutschen Unternehmens abgehalten. Seit einiger Zeit hatte ich damit angefangen, mit der göttlichen Ordnung als Basis eines Führungsprozesses zu arbeiten. Behutsam und sanft, um die Menschen nicht zu überfordern. Für mich war dieses Hinführen der Teilnehmer zum Göttlichen Neuland und ein Lernfeld, auf dem ich mich immer besser bewegen konnte. Trotzdem machten sich auch Zweifel breit, ob ein Wirtschaftstrainer, der auf der göttlichen Ordnung aufbaut, sich nicht zu sehr aus dem Fenster lehnt.

Ich hatte noch Zeit und besuchte die Flughafenkapelle. Am Altar lag die Bibel, und ich wollte wissen, welcher Text auf der aufgeschlagenen Seite zu lesen war. So trat ich näher und las: »Mein Fuß steht fest auf rechtem Grund. Den Herrn will ich preisen in der Gemeinde.« (Ps 26,12) Diese Bibelstelle war wohl genau für mich bestimmt. Meine Gemeinde war zu dieser Zeit die große Schar von Seminarteilnehmern, die ich Woche für Woche in ihrer

Entwicklung als Führungskräfte und Verkäufer begleiten durfte. Ich dankte Gott im Stillen für diese Bestätigung und flog beruhigt und gestärkt nach Hause.

Die Entscheidung

»Denen aber, die entscheiden, wie es recht ist, geht es gut; über sie kommen Segen und Glück« (Spr 24, 25).

Gott will, dass wir uns für ihn entscheiden, und zwar bewusst entscheiden. Dafür hat er uns den freien Willen mitgegeben, und er wartet darauf, dass wir einen aktiven Schritt setzen. Er zwingt uns nicht dazu, denn eine Beziehung muss immer freiwillig sein, wenn sie auf Augenhöhe stattfinden soll. Wir Menschen können eine Beziehung auch nicht erzwingen. Wenn wir uns in einen Menschen verlieben, wissen wir nicht, ob daraus eine Beziehung entstehen wird. Wir hoffen darauf. Und wenn wir gerne mehr Kontakt zu unseren erwachsenen Kindern hätten, dann können wir auch nur immer wieder anfragen. Wir können diese Zuwendung der Kinder aber nicht anordnen.

Gott wartet also geduldig darauf, dass wir uns entscheiden, mit ihm in Beziehung zu treten. Was aber macht der moderne Mensch der heutigen Gesellschaft? Er gibt sich den fremden Göttern hin. Das Geld, die Wirtschaftsleistung, das neue Auto, die teure Uhr, der neue Computer stehen im Mittelpunkt unserer Gedanken und Handlungen. Aber auch, wenn wir die Beziehungen zu Menschen als Kernaufgabe unseres Lebens erkennen, sind wir noch nicht automatisch bei Gott. Viele Menschen stellen die Sorge um ihre Kinder in den Mittelpunkt ihres Lebens. Unsere Kinder haben wir aber nicht aus eigener Leistung geschaffen, sie sind von Gott und wurden uns anvertraut, damit wir sie auf einen rechten Weg bringen. Wer seine

Kinder nicht im Zusammenhang mit Gott versteht, der geht fremd. Die Beziehung zu Gott ist das Einzige, worauf wir das ganze Leben vertrauen können. Wer seine Kinder ohne Gott führt, der hat nichts mehr, wenn die Kinder eines Tages das Haus verlassen.

Die Entscheidung für Gott fällt manchen Menschen auch deshalb so schwer, weil er in unserem aufgeklärten Zeitalter kaum vorzukommen scheint und das Göttliche nicht in den Rahmen passt, in dem sich der Mensch bewegt. In einer Zeit, die von Selbstherrlichkeit, Egoismus und Eigensinn geprägt ist, findet man schwer zu der Anerkennung, dass es da noch etwas Größeres gibt. Wer Gott finden will, von dem wird Demut gefordert und die Überzeugung, dass wir nicht selbst alles können, sondern dass da jemand ist, der uns selbst in seinen Fähigkeiten bei Weitem übersteigt. Der Mensch der heutigen Zeit will nicht Geschöpf, er will Schöpfer sein und kann sich schwer mit dem Gedanken anfreunden, dass Gott uns erschaffen hat und nicht wir ihn. Demut hat nichts mit Unterwürfigkeit zu tun, wohl aber mit Unterordnung. Wer anerkennt, dass da jemand ist, der größer ist als wir, ein Schöpfer, der auch jeden von uns zu wahrer Größe führen will, der kann auf einen Weg zu Gott aufbrechen.

Wer mit Gott in Beziehung treten will, der muss die Entscheidung treffen, damit anzufangen. Das ist eine weitreichende Entscheidung, weil sich der Mittelpunkt des Lebens dadurch schlagartig verändert. Wer diesen Schritt geht, der muss mit weitreichenden Konsequenzen rechnen. Vorerst betrifft diese Entscheidung nur den betreffenden Menschen, seine Beziehung mit Gott ist sozusagen seine Privatsache. Je weiter er diesen Weg mit Gott aber geht, umso mehr werden auch die Menschen in seinem Umfeld davon betroffen, weil den Menschen seiner Umgebung zunehmend auffällt, dass sich etwas bewegt. Der Mensch verändert sich durch die Beziehung mit

Gott. Er setzt seine Schwerpunkte anders, er ist nicht mehr so sehr am Materiellen interessiert, er investiert mehr Zeit und Energie in die Entwicklung und Führung der anvertrauten Menschen. Er wird ruhiger und besonnener, achtet darauf, in seinem Tun als Vorbild zu handeln, nimmt sein Gewissen als Grundlage seines Handelns und sucht eine vertiefte Qualität in der Beziehung mit den Menschen in seiner Umwelt. Und irgendwann drängt es ihn dann, seinen Weg zu Gott öffentlich zu machen, indem er zum Beispiel beim Mittagessen am Sonntag mit seiner Familie nicht nur im Stillen betet, sondern laut ein Dankgebet spricht. Spätestens dann merken die Familienmitglieder, dass sich etwas verändert hat, und es beginnt der Prozess der Auseinandersetzung, wie weit die Familie diesen Weg mitgehen will.

Die Entscheidung eines Menschen für einen Weg mit Gott erfordert im Laufe der Zeit auch Entscheidungen in seinem Umfeld. Als ich im Jahre 2008 von meinem ersten Klosteraufenthalt nach Hause zurückgekehrt war, traf ich als völlig veränderter Mensch auf eine Umwelt, die sich ihrerseits nicht verändert hatte. Wahrscheinlich hat man mich am Anfang sogar als Fremdkörper erlebt, den Partner und den Vater, der sich in seinem Tun plötzlich von der Benediktsregel leiten ließ. Ich konnte aber nicht mehr anders, als zu dem zu stehen, was mich gefangen genommen hatte, und versuchte, etwas von der Ordnung der Benediktiner in unser Familienleben einfließen zu lassen. Inzwischen sind einige Jahre vergangen, und heute kann ich sagen, dass meine neue Orientierung der Entwicklung unseres Familiensystems gutgetan hat. Meine Angehörigen haben akzeptiert, dass es sinnvoll ist, sich zumindest hin und wieder damit auseinanderzusetzen, dass es da etwas Größeres gibt, etwas, das uns Halt und Orientierung gibt, wenn wir uns dafür öffnen. Und auch im Freundes- und Bekanntenkreis hat man inzwischen akzeptiert, dass hier ein Mensch nun öffentlich zu

Gott steht und darüber spricht. Daraus haben sich schon viele interessante Diskussionen entwickelt, die die Frage nach dem Sinn des Seins zum Thema hatten und eine Auseinandersetzung mit Gott ermöglichten. Wer sich für einen Weg mit Gott entscheidet, wird mit tiefen Einsichten und Erkenntnissen belohnt. Es ist nie zu spät, damit anzufangen, aber doch an der Zeit, denn unser Leben ist begrenzt.

Als ich wieder einmal mit dem Auto auf einer deutschen Autobahn unterwegs war, stand ich in einem Stau vor einem großen Autobahnkreuz in der Nähe von Frankfurt. Ich machte vom Auto aus ein Foto und wollte mir zu Hause ansehen, welche Richtungen von dieser Kreuzung abgehen. Als ich das Foto auf meinem großen Bildschirm im Office anschaute, erkannte ich, dass ich nicht nur die Hinweistafeln fotografiert hatte. Da war auch ein Schild neben der Straße, mit blauer Schrift stand auf weißem Untergrund der Satz: »Ich habe dich gewählt, GOTT!« Das war für mich eine Bestätigung, dass ich mich für den richtigen Weg entschieden hatte.

Die Berufung

»Müht euch nicht ab für die Speise, die verdirbt, sondern für die Speise, die für das ewige Leben bleibt und die der Menschensohn euch geben wird. Denn ihn hat Gott, der Vater, mit seinem Siegel beglaubigt.« (Joh 6,27)

Berufung ist ein sensibler Begriff. Er hat etwas Elitäres in sich und scheint darauf hinweisen zu wollen, dass manche Menschen von Gott auserwählt werden und manche nicht. Das stimmt so aber ganz und gar nicht. Berufung geht jeden etwas an, und Gott wirbt auch um jeden einzelnen Menschen, damit er sich ihm öffnet. Die Speise, die das ewige Leben verheißt, ist für alle Menschen da, nicht nur für Auserwählte. Der Mensch entscheidet, ob er sich rufen lassen will oder nicht. Und für den Menschen, der sich öffnet, kann es sein, dass Gott ihn zu einer besonderen Aufgabe beruft. Diese ergibt sich aber erst aus der Beziehung, die der Mensch mit ihm eingeht, aus dem Prozess der Kommunikation mit Gott. Dann kann dem Menschen plötzlich schlagartig klar werden, was Gott konkret mit ihm vorhat. Dann geht es tatsächlich um einen Ruf, der nur für einen konkreten Menschen bestimmt ist.

Ein Medium, mit dem Gott jeden Tag mehrmals anruft, ist das Gewissen. Oft haben wir gerade eine Handlung durchgeführt und fühlen uns schlecht, weil sich das Gewissen meldet. Vielleicht haben wir überreagiert, vielleicht haben wir einen anderen unnötigerweise herabgesetzt oder einfach einer schlechten Laune freien Lauf gelassen, die uns gerade in ihrem Bann hatte. Genauso können wir uns wohlfühlen, wenn wir einen Konflikt so gelöst haben, dass keiner der Beteiligten das Gesicht verloren hat, wenn wir mit jemandem, der sich verfehlt hat, Nachsicht geübt haben oder wenn wir einfach über unseren Schatten gesprungen sind, um eine Entscheidung zu ermöglichen. Das Gewissen ist Gottes Spur in uns, und wer sich von seinem Gewissen leiten lässt, ist schon auf dem Weg zu Gott. Berufung meint aber noch mehr: Nicht nur nach seinem Gewissen zu handeln, sondern darin den Ruf Gottes zu erkennen, sich ihm zu öffnen.

Gott ruft uns also ständig. Im Alltagsstress überhören wir diesen Ruf oder wollen ihn nicht hören, weil wir uns ja dann damit beschäftigen müssten. Gott ist immer da, auch im Leben jenes Menschen, der nicht auf ihn hören will. Wenn wir einer gefährlichen Situation des Alltags gerade noch entkommen sind, dann kommt in uns ein Gefühl der Dankbarkeit auf. Dann haben wir eine Vorstellung davon, dass da jemand ist, der auf geheimnisvolle Weise in unser Leben eingreift. Diese

Rettung ist ein klarer Ruf Gottes gewesen, und manche Menschen nehmen eine solche Situation auch zum Anlass, tatsächlich wieder einmal über Gott nachzudenken. Für manchen Menschen wurde eine geheimnisvolle Rettung aus höchster Gefahr auch schon zum Anlass, sein Leben ganz Gott zu widmen. Der moderne Mensch der heutigen Zeit ist aber geübt darin, nach einem solchen Ereignis rasch wieder zur Tagesordnung überzugehen. Die nächste Konferenz steht an, das Kind wartet im Hort darauf, abgeholt zu werden, und zu Hause haben sich die Handwerker angekündigt. Und schon sind wir wieder voll im Alltagsstress und schieben das erlebte Ereignis und den Ruf Gottes weit von uns weg.

Gott ruft uns, um uns auf einen Führungsprozess mit ihm einzulassen. Wer das tut, der erkennt, was der Wille Gottes ist, erfährt sich selbst als angenommen und erhält Botschaften, die ihm den Weg durch das Leben zeigen. Dem Menschen werden Zeichen und Erkenntnisse geschenkt, die ihm Orientierung und eine Richtung geben. Bald aber meldet sich Gott mit einem besonderen Ruf. Denn eine wachsende Beziehung zu Gott beinhaltet immer auch die Aufgabe, andere Menschen an dem teilhaben zu lassen, was man selbst erfahren hat. Wen Gott ruft, von dem erwartet er auch, dass er andere Menschen anspricht, vor allem solche, die sich der Beziehung mit Gott bis dahin verschlossen haben. In diesem Punkt kennt Gott keine Kompromisse. Er klopft immer wieder an, mal leise, mal ganz laut, bis sich der Mensch entscheidet, mit anderen über Gott zu reden. Dieser Schritt erfordert Mut – wenn man ihn aber setzt, erlebt man in vielen Fällen eine Bereitschaft des Angesprochenen, auf das Thema einzusteigen. So als ob der Andere nur darauf gewartet hätte, dass endlich jemand wieder einmal etwas Echtes anspricht, etwas Großes, nicht nur etwas Belangloses. Die Gesellschaft hat Gott aus der öffentlichen Diskussion ziemlich verdrängt. Die einzelnen Menschen sind aber anscheinend auf der Suche nach Wahrheit und Orientierung. Der Mensch, den Gott gerufen hat, hat damit die Verantwortung bekommen, anderen Orientierung zu geben. Ein Mensch, der von Gott angesprochen wurde, ist angehalten, auch andere für einen Weg zu Gott zu begeistern.

Gott ruft leise. Ein direkter und lauter Ruf würde uns ganz schön aus der Bahn bringen. Was würden Sie denn dazu sagen, wenn Gott in Gestalt eines Menschen plötzlich vor Ihnen stünde und Sie aufforderte, ihm zu folgen? Würden Sie überhaupt stehen bleiben und sich mit dem, der ruft, auseinandersetzen? Oder würden Sie einfach weitergehen und die Begebenheit von sich wegschieben? Diese Situation ist nicht konstruiert, sie ist genau so vorgefallen, vor 2000 Jahren am See Genezareth, als Jesus auf der Suche nach den Aposteln war. Die Fischer dort waren mit der Arbeit an ihren Booten beschäftigt, als Jesus herantrat und sprach: »*Kommt her, folgt mir nach! Ich werde euch zu Menschenfischern machen.*« (Mt 4,19) In den Evangelien lesen wir, dass die Angesprochenen nicht lange zögerten. Sie verließen ihre Boote und gingen mit Jesus. Niemand von ihnen wusste, was ihn erwarten würde. Keiner hatte in diesem Augenblick eine Vorstellung davon, was diese Gefolgschaft für ihn selbst, seine materielle Absicherung und seine Familie bedeuten würde. Sie gingen einfach mit. Der Ruf Gottes war an sie ergangen, und die Menschen zögerten nicht lange, diesem Ruf zu folgen.

Heutzutage ist Gott in der Regel nicht mehr so anspruchsvoll in seinen Erwartungen, wenn er uns ruft. Er verlangt nicht, dass wir unsere Existenz aufgeben, im Gegenteil, die meisten von uns fordert er auf, dass wir in unserem Umfeld bleiben und zu der Verantwortung stehen, die wir eingegangen sind. Er will von uns, dass wir in den Systemen bleiben, in denen wir leben, im privaten Umfeld, aber auch im beruflichen. Wenn er uns ruft, dann fordert er uns jedoch dazu auf, uns selbst zu verändern und zu entwickeln, aber auch das System, in dem wir leben, zu beeinflussen. Wir sollen ein Vorbild sein in unserem Verhalten und durch unsere Taten und Werke Orientierung geben, als Wegweiser zu einem erfüllten Leben. Damit bringen wir auch andere Menschen auf den Weg zu Gott, in seinem Auftrag.

Ich nahm den Hörer ab, um den Ruf Gottes entgegenzunehmen. Am anderen Ende der Leitung war ein ehemaliger Seminarteilnehmer. Er erzählte von einem Seminar, das er vor Jahren in München bei mir besucht hatte. Nachdem er ein paar Details zur damaligen Veranstaltung erwähnte, konnte ich mich wieder gut an ihn erinnern und hatte sogar ein Bild vor meinem geistigen Auge.

Ewald erzählte mir, dass er sich in der Pfarrei seines Heimatortes engagiere, und das sei auch der Grund seines Anrufes. In seiner Funktion im Pfarrgemeinderat war er zuständig für ein Projekt in Israel. Es ging um ein von einer österreichischen Ordensfrau geführtes Heim für alte Menschen. Ewalds Aufgabe bestand darin, für das Heim Spenden zu sammeln. Zu diesem Zweck organsierte er Veranstaltungen in seinem Heimatort, deren Erlös zur Förderung des Projektes diente. Er fragte mich, ob ich mir vorstellen könnte, einen Vortrag ohne Honorar zu meinem Thema »Sales Coaching by Benedict« abzuhalten. Ich willigte ein, meldete aber auch meinen Zweifel an, ob wir in einem kleinen Ort mitten in Bayern eine größere Anzahl von Menschen für einen Vortrag gewinnen könnten, der doch in erster Linie auf Führungskräfte im Vertrieb und Verkäufer abzielte. Ich erzählte ihm von meiner Annäherung an den göttlichen Führungsprozess, womit ich in Zukunft nicht mehr nur Führungskräfte in der Wirtschaft ansprechen wolle, sondern alle Menschen, denen Gott Führungssituationen anvertraut hat.

Ewald war begeistert. Schnell wurde für den Vortrag eine Head-

line »Führen mit Gott« gefunden. Der Gemeindepfarrer war von der Idee angetan und stellte die Klosterkirche in Abensberg zur Verfügung. Ein Sponsor wurde gefunden, Folder wurden gedruckt, die örtliche Presse sprang auf den Zug auf.

Da stand ich dann im Juli 2015. Am Rednerpult in einer gut gefüllten Kirche. Ich hatte das Gefühl, dass Gott sehr nahe war und mich mit Wohlwollen beobachtete. Ich war glücklich und irgendwie angekommen. Mit einem Schlag wurde mir klar, dass ich nun endlich dabei war, zu erfüllen, was Gott für mich in diesem Leben vorgesehen hatte.

Der Auftrag

»Als sie gegessen hatten, sagte Jesus zu Simon Petrus: Simon, Sohn des Johannes, liebst du mich mehr als diese? Er antwortete ihm: Ja, Herr, du weißt, dass ich dich liebe. Jesus sagte zu ihm: Weide meine Lämmer!« (Joh 21,15)

Der Auftrag Gottes an den Menschen ist klar umrissen und bezieht sich sowohl auf ihn selbst wie auf das Umfeld, in dem er sich bewegt, das private wie das berufliche. Der Grundsatz des göttlichen Auftrags ist für alle Menschen gleich. Gott will, dass wir die begrenzte Zeit, die wir als Leben auf der Erde geschenkt bekommen haben, möglichst intensiv nutzen.

Zunächst geht es einmal um die individuelle Entwicklung des Menschen. Er hat zu Beginn seines Lebens Anlagen und Fähigkeiten mitbekommen, die es gilt, im Lauf des Lebens zur Reifung zu bringen, damit er am großen Plan der Entwicklung der Schöpfung mitarbeiten kann, an dem Platz und mit dem Beitrag, die für ihn vorgesehen sind. Entwicklung heißt natürlich auch, sich von den eigenen Begrenzungen und Zwängen und von den weniger guten Eigenschaften zu lösen, die wir uns im Lauf des Lebens zugelegt haben – entweder durch das Vorbild anderer Menschen, durch Erziehungsprozesse oder durch Abwehrmaßnahmen, um bestimmte Situationen nicht an uns heranzulassen. Der Auftrag heißt also, irgendwann im Leben einen bewussten Stopp einzulegen, aus dem Hamsterrad auszubrechen und sich die Zeit dafür zu nehmen, sich mit sich selbst zu beschäftigen. Der Blick in den Spiegel erfordert Mut, weil uns dabei bewusst wird, dass wir uns selbst auf einem möglichen Weg zu einem erfüllten Leben begrenzen und niemand anders als wir selbst den Impuls setzen kann, einen ersten Schritt zu wahrem Leben zu setzen.

Der Blick in den Spiegel zeigt uns einen Menschen, den wir oft gar nicht so genau kennenlernen wollen. Wenn wir uns intensiv mit uns selbst beschäftigen, dann gibt es so manche Einsichten, die wehtun. Wir erkennen Handlungen und deren Auswirkungen, die uns im Nachhinein belasten, weil wir ohne nachzudenken reagiert und damit andere verletzt haben. Wir sehen aber auch die eigene Komfortzone, Entwicklungsfelder, die uns schon lange zumindest ahnungsweise beschäftigen, die wir aber bisher noch nicht angegangen sind. Und natürlich erkennen wir auch einen Menschen, der vieles gut gemacht hat, manches bewegt hat und manche Entwicklung vorangebracht hat. Im Spiegelbild sehen wir also immer Licht und Schatten, beides will erkannt und akzeptiert sein. Ein Mensch, der lernt, sich selbst anzunehmen, wie er ist, der ist auch fähig, andere anzunehmen. Der Mensch, der bereit ist, aus der Erkenntnis heraus sich selbst zu entwickeln, ist auch fähig, andere zu entwickeln.

Der zweite Teil des Auftrages, der alle Menschen angeht, ist die Entwicklung der anvertrauten Menschen. Und hier ist zuallererst die Familie zu erwähnen, die Keimzelle, die Gott geschaffen hat, zur Annahme, Förderung und Forderung der Menschen, die er auf die Erde schickt. Wer sich in einem Familiensystem befindet, ist aufgefordert, sich die Größe dieses Auftrags immer wieder bewusst zu machen. Es geht um die Kernaufgabe, die Gott uns zutraut. Führen und Entwickeln als Sinn des Lebens. Gott hat mit der Familie die Urform der Gesellschaft geschaffen, in der der Grundstein dafür gelegt werden soll, dass Leben gelingen kann. Wer diese Verantwortung bewusst auf sich nehmen will, der ist aufgefordert, die Rolle als Elternteil so zu übernehmen, wie Gott sie gedacht hat. Gott will die Mutter, die dem Kind vom Anfang an das Urvertrauen gibt, dass es geliebt und angenommen ist. Gott will auch den Vater, der dem Kind hilft, sich über die Auseinandersetzung mit Ordnung und Regeln als lebensfähiger Mensch zu entwickeln. Es kann nicht gut sein, Kinder nach wenigen Monaten in eine Kindertagesstätte abzugeben. Wir nehmen ihnen dadurch das Recht einer ersten Lebensphase in der Beziehung zu den Personen, denen sie von Anfang an vertraut haben, und in der Umgebung, die sie gewohnt sind.

Aber auch für den, der keine Kinder hat, ist das Führen und Entwickeln eine Kernaufgabe seines Lebens. Zunächst einmal im primären Umfeld der Bekanntschaft und Verwandtschaft. Immer wieder stehen wir vor Führungssituationen, wenn es wichtig ist, einem anderen Menschen ein Vorbild oder ein Wegweiser zu sein. Vielleicht der Nichte oder dem Neffen oder auch einem Erwachsenen, den man durch eine ehrliche Rückmeldung einen Schritt weiter auf seinem Weg hilft. Das nächste Feld der Führungstätigkeit ist dann der Beruf. Wir verbringen einen großen Teil unseres Lebens im Job und werden mit einer Vielzahl von Geschehnissen und Interaktionen konfrontiert. Gott will, dass wir auch in diesem Kontext Zeugnis von ihm ablegen, durch unser Auftreten, unsere Handlungen und unsere Art, Beziehungen mit anderen herzustellen und zu pflegen.

Und dann gibt es noch eine Art von Aufträgen, die für ganz

bestimmte Menschen bestimmt sind. Oft fordert Gott unseren ganzen Einsatz, wenn er uns so eine konkrete Sache anvertraut. Das kann die Pflege eines alten Menschen sein oder die liebevolle Annahme eines behinderten Kindes. Manchmal ist diese Aufgabe auf eine konkrete Person bezogen, oder sie wird Teil des Berufes, wenn wir in der Medizin oder in Pflegeberufen arbeiten oder uns im Sozialwesen um Kinder aus einem schwierigen Umfeld oder um Langzeitarbeitslose kümmern sollen. Manchen von uns erteilt er die Aufgabe, mit Kunstwerken, Vorträgen oder Büchern öffentlich zu wirken, wenige werden direkt in den Dienst Gottes als Seelsorger oder Mitglieder von Orden berufen. Es sind aber nicht nur solche besonderen Aufträge, hinter denen man den Willen Gottes klar erkennen kann, manche Aufträge finden sich auch ganz einfach in der Umwelt jedes Menschen. Wenn wir zum Beispiel einem anderen helfen sollen, ein Problem zu lösen, oder wenn wir auserwählt worden sind, in bestimmten Situationen Partner für die Entwicklung eines anderen zu sein. Oder wenn wir an einer Kreuzung stehen und einem Blinden über die Straße helfen sollen.

Gott ruft uns immer wieder, damit wir mithelfen, seine Schöpfung weiterzuentwickeln, damit mehr Liebe spürbar ist und weniger Hass, damit sich die Verantwortung für die anderen mehr breitmacht als der eigene Egoismus. Oft sind solche Aufgaben auch als Zwischenschritt gedacht, damit wir uns eine Fähigkeit aneignen und in der Praxis erproben, die wir zu einem späteren Zeitpunkt noch für die Erfüllung eines Auftrags Gottes brauchen werden. Wer seine Aufgaben und Aufträge erkennen will, der muss damit anfangen, Gott zu suchen. Er teilt uns mit, was er mit uns vorhat. Es liegt an uns, diesen Ruf zu hören.

Ich war mit meiner Familie in Caorle an der oberen Adria. An diesem Morgen gönnte ich mir einen schönen Lauf an der Strand-

promenade entlang. Später bog ich in eine Allee ein, die am Campingplatz vorbei zur Lagune führte. Ein älteres Ehepaar kam mir auf Fahrrädern entgegen. Der Mann und die Frau unterhielten sich angeregt auf Italienisch. Als sie an mir vorbeifuhren, blickte die Frau mich direkt an und sagte die Worte »l'anno scorso«, was auf Deutsch »das letzte Jahr« heißt. Sie waren zwar Teil der Kommunikation der Frau mit ihrem Mann, zugleich aber waren diese beiden Worte anscheinend für mich bestimmt. Mir wurde etwas mulmig zumute. »L'anno scorso«, hieß das, dass ich nicht mehr lange zu leben hatte? Als ich genauer in mich hineinhörte, hatte ich aber nicht das Gefühl, dass diese Aussage für mich eine negative Bedeutung haben sollte. Mir war eher so, als würde mir etwas Schönes damit mitgeteilt. Ich ließ das Erlebnis aber nicht näher an mich heran und schob die Gedanken darüber wieder zur Seite. Gott wollte mir aber doch etwas mitteilen, also musste er einen zweiten Versuch starten.

Am späten Nachmittag desselben Tages ging ich mit meiner Frau und meiner Tochter am Strand spazieren. Ich liebe diese frühen Abende am Meer, wenn man der untergehenden Sonne entgegengehen kann, die dann nicht mehr so heiß brennt und langsam ihre Farbe vom grellen Gelb in sanftes Rot verändert. Eine Gruppe von Kindern war noch beim Sandspielen. Plötzlich löste sich eines der Kinder aus der Gruppe. Der kleine Junge kam auf mich zu und streckte mir seine Plastikschaufel entgegen. Es war eine große Schaufel mit einem Griff, der dafür geeignet war, ihn mit beiden Händen anzupacken. Ich nahm die Schaufel kurz an mich, dann gab ich sie dem Jungen wieder zurück. Wir schlenderten weiter am Strand entlang, und ich dachte über dieses Erlebnis nach. Was hatte das denn nun schon wieder zu bedeuten? Sollte ich mir jetzt tatsächlich ein Grab schaufeln? Ich fand die Situation grotesk und irgendwie komisch, hatte aber auch diesmal nicht das Gefühl, dass das Erlebnis etwas mit meinem nahen Tod zu tun haben könnte.

Dann sah ich plötzlich klarer. Vor mir lag das letzte Jahr, in dem ich voll und ganz in meinem Beruf als Verkaufscoach arbeiten sollte. Es war an der Zeit, etwas Neues aufzubauen und dafür mit der Schaufel des Jungen den Spatenstich zu setzen. Heute, zwei Jahre später, erkenne ich, dass alles so gekommen ist, wie es die Erlebnisse in Caorle angekündigt hatten. Einige große Aufträge vor allem in Deutschland waren ausgelaufen. Daraufhin konzentrierte ich mich beim Verkauf meiner Dienstleistungen auf Österreich. Damit habe ich nun meine Reisetätigkeit massiv eingeschränkt und gebe mich außerdem mit einer kleineren Anzahl von Trainertagen zufrieden. So bleibt nun noch Zeit und Energie, mich dem neuen Thema »Führen nach Gottes Vorbild« zu widmen. Das Buch ist geschrieben und veröffentlicht, und ich bin schon sehr gespannt darauf, ob Gott in diesem Zusammenhang einen größeren Auftrag für mich vorgesehen hat. Vielleicht war der Vortrag in der Klosterkirche in Abensberg ein Anfang und ein Signal, in welche Richtung es für mich gehen soll.

Der Pilgerweg

»Denn du bist groß und tust Wunder. Du allein bist Gott. Weise mir, Herr, deinen Weg. Ich will ihn gehen, in Treue zu dir« (Ps 86, 10–11).

Jeder Weg beginnt mit dem ersten Schritt. Ob Sie eine Ausbildung angehen wollen, ein Projekt in Angriff nehmen oder eine Beziehungsklärung herbeiführen wollen, irgendwann ist es Zeit, den ersten Schritt zu tun und sich auf einen Weg zu begeben. Das Ziel ist definiert, oft auch der Zeitraum, den es dauern wird, das Ziel zu erreichen. Am Ende des Weges sind Sie ein anderer geworden. Sie haben Erfahrungen gesammelt, Fähigkeiten und Fertigkeiten weiterentwickelt und neue erworben, auf die Sie später im Lauf Ihres Weges zurückgreifen können. Alle Wege, die wir gehen, sind Entwicklungswege, voll von Anstrengung und Herausforderung, aber mit einem Ziel in Aussicht, für das es sich anzustrengen lohnt.

Auch ein Pilgerweg beginnt mit dem ersten Schritt. Zu den Kriterien, die einen herkömmlichen Entwicklungsweg bezeichnen, kommt hier nun aber noch die spirituelle Komponente dazu. Nun geht es nicht mehr nur um die Erreichung eines Zieles und den Weg dorthin, sondern auch darum, seinen Sinn im Leben zu erkennen, den Auftrag für sich zu entdecken, den Gott in diesem Leben für einen vorgesehen hat. Wer sich für ein Leben mit Gott entscheidet, für den ist das ganze Leben ein Pilgerweg. Ein solcher Mensch macht sich auf, das wahre Selbst zu entdecken und den eigentlichen Sinn seiner Existenz. Er beginnt mit der Suche nach Gott, lässt ihn in sein Leben hinein und geht den Fragen nach dem Woher und dem Wohin auf den Grund. Ein solcher Pilgerweg muss nicht auf einer der klassischen Pilgerrouten geschehen, er kann jederzeit stattfinden und überall, wo sich der Mensch gerade befindet.

Wer sich auf seinen Pilgerweg begeben möchte, der braucht den Mut zum Aufbruch. Ein spiritueller Weg verspricht uns Großartiges: Wer aufbricht und voller Ausdauer und Beharrlichkeit auf diesem Weg bleibt, der wird irgendwann unterwegs sich selbst finden. Das wahre Selbst, die Person hinter der Maske des Alltags, den Menschen, der er tatsächlich ist. Das ist die wahre Selbstverwirklichung, die dem in Aussicht gestellt wird, der seinen Pilgerweg geht. Das Leben im Einklang mit dem Willen Gottes, das Streben nach Liebe, Beziehung und Entwicklung, die Bereitschaft, zu erfahren, zu erkennen und weiterzugeben. Mit dem Herzen zu erkennen anstatt nur mit dem Verstand, empfänglich zu werden für eine höhere und umfassende Ordnung, abseits vom Streben nach Macht und Geld und befreit von den Zwängen des eigenen Egos.

Wer seinen Pilgerweg geht, der gibt damit Menschen, die ihm

nahestehen, ein Beispiel. Zuerst natürlich der eigenen Familie, aber auch den Verwandten und Bekannten und schließlich dem beruflichen Umfeld. Es fällt auf, wenn ein Mensch sich verändert, weil er seine Prioritäten anders setzt. Als Pilger muss man damit rechnen, dass man zuerst Verwunderung und da und dort auch Ablehnung hinnehmen muss. Der Mensch, der seinen Pilgerweg geht, kann aber nicht mehr anders, als weiterzugehen, wenn er auf diesem Weg ein Stück gegangen ist. Dann sobald er unterwegs ist, meldet sich Gott bei ihm und tritt in eine Führungsbeziehung mit ihm ein, dem Menschen, der sich auf den Weg gemacht hat. »Er stillt mein Verlangen; er leitet mich auf rechten Pfaden, treu seinem Namen« (Ps 23, 3).

Ja, Gott fordert auch, manchmal sogar ganz schön viel, aber er gibt auch sehr viel zurück, indem er den Pilger seine Liebe spüren lässt und ihm aufregende Wegweiser, Erkenntnisse und Erfahrungen schickt, die dem Leben eine ganz besondere Würze geben. Wer konsequent auf seinem Weg zu Gott bleibt, der wird auch andere mitziehen, weil er ein Vorbild abgibt, wie Leben gelingen kann, abseits von den Schranken und Zwängen, die wir uns in der Gesellschaft selbst auferlegt haben. Gerade in der Krise der Gesellschaft, die uns heutzutage fest im Griff hat, ist es mehr denn je notwendig, dass sich einzelne Menschen wieder dem Sinn des Lebens zuwenden. Wir brauchen Menschen, die ihren Pilgerweg in Angriff nehmen und anderen ein Zeugnis davon geben, dass es tatsächlich ein wahres Leben gibt, für das es sich lohnt, Eingefahrenes infrage zu stellen und aufzubrechen. Nach christlichem Verständnis kommt das Heilige durch die Menschen in die Welt. Menschen, die sich von Gottes Wort leiten lassen und Zeugnis von den Erfahrungen mit Gott abgeben. Wer sich auf seinen Pilgerweg begibt, der macht diese Erfahrungen, und wer die gewonnenen Erkenntnisse und Erlebnisse weitergibt, der bringt das Heilige in die Welt.« *Alle Pfade des Herrn sind Huld und Treue denen, die seinen Bund und seine Gebote bewahren«* (Ps 25, 10).

Gott schickt die Menschen aus, um sich zu entwickeln. Wer wissen will, was Gott genau mit ihm vorhat, der muss damit anfangen, ihm zuzuhören. Wer Gott treffen will, der muss aufbrechen und ihm entgegengehen. Das geht nicht so nebenbei im Alltag, dafür braucht es Raum und Zeit, in der wir in der Beziehung mit Gott wachsen können. Wer den ersten Schritt geht, der erkennt schnell, dass er auf dem Weg zum Sinn seines Lebens ist. Der persönliche Pilgerweg eines Menschen läuft nicht immer geradeaus, es gibt Sackgassen und Irrwege. Wer sich davon nicht abhalten lässt, wird mit Erkenntnissen belohnt, die ihn den Sinn seines Lebens immer klarer erkennen lassen. Und er wird bereit sein für die endgültige Heimkehr am Ende seines Lebens.

Meine Annäherung an den Benediktinerorden führte mich im Sommer 2013 an den Hauptsitz des Ordens in Rom auf dem Aventin. Der Oberste des Ordens, Abtprimas Dr. Notker Wolf, hatte mich persönlich zu einem Austausch nach Rom eingeladen, nachdem er erfahren hatte, dass ich in meinen Seminaren und Trainings mit der Benediktsregel arbeite.

Ich hatte mein Zimmer im Kloster bezogen. Der Abtprimas klopfte wie vereinbart pünktlich um 16:00 Uhr an meine Tür, um mich zu unserem Gespräch abzuholen. Bald saßen wir in seinem Arbeitszimmer, das dem Primas auch als Wohnzimmer diente. Ich warf einen Blick auf seine reichhaltige und wertvolle Bibliothek. Der Primas zog nacheinander ein paar seiner Lieblingsbücher heraus und erzählte mir dazu Geschichten. Schließlich zeigte er mir noch die Aussicht von seinem Balkon und erklärte mir die Bauwerke und sonstigen markanten Punkte, die zu sehen waren. Dann saßen wir uns auf seiner gemütlichen Couch gegenüber.

Wir führten ein tiefgründiges Gespräch über Gott und die Welt. Der Primas interessierte sich für meine Erfahrungen bei der Arbeit mit der Benediktsregel im Coaching von Verkäufern und Führungskräften. Und ich erfuhr sehr interessante Details über den Aufbau des größten Ordens der Christenheit.

Ich erzählte dem Primas, dass ich vorhatte, mich noch intensiver damit zu beschäftigen, wie Gott führt, um zu diesem Thema irgendwann, wenn die Zeit reif sei, ein Buch zu veröffentlichen. Der Primas gab mir wertvolle Tipps für dieses Vorhaben.

Viel zu schnell war die Zeit um. Wir standen auf, und ich bat den Primas, meinen Weg zu segnen. Er sprach die Segensformel und fügte an: »Karl, geh deinen Pilgerweg. Gott möge mit dir sein.«

Führen nach Gottes Vorbild

»Ahmt Gott nach als seine geliebten Kinder und liebt einander, weil auch Christus uns geliebt und sich für uns hingegeben hat als Gabe und als Opfer, das Gott gefällt« (Eph 5, 1–2).

Ich habe in diesem Buch ein Führungsmodell beschrieben, das auf der göttlichen Ordnung aufbaut und sich das Führungsbeispiel zum Vorbild nimmt, das Gott uns seit jeher vorlebt. Das Führen wurde als Sinn des Lebens herausgearbeitet, als Möglichkeit, den uns anvertrauten Menschen den Weg in ein gelingendes Leben zu zeigen. Die Krise der Gesellschaft wurde beschrieben, die vor allem eine Führungskrise ist und das Ergebnis eines Mangels an Werten und Orientierung. Ich habe einen Weg aus der Krise herausgearbeitet, der darin besteht, dass wir wieder mit Gott in Beziehung treten und uns von seinem Willen leiten lassen. Und nun stellt sich natürlich die Frage, ob das ein Weg ist, den Sie, liebe Leserinnen und Leser, mitgehen wollen. Gott zählt jedenfalls auf Sie. Jeden Einzelnen von uns hat er auf seiner Liste. Und er nimmt sich seiner Kinder an. Gott will, dass wir ihn dabei unterstützen.

Ich habe mich in diesem Buch auf die Suche danach gemacht, wie Gott führt, und dokumentiert, dass Gottes Weg als Führungskraft nicht immer geradeaus gelaufen ist, sondern von Krisen und Konflikten begleitet war. Auch wenn es wie eine Anmaßung klingen mag, es scheint doch so zu sein, dass selbst Gott erst lernen musste, wie ein Führungsprozess gelingen kann, der am Ende einen ausgereiften Menschen hervorbringt. Gott hat auf die Erfahrungen in seinem Führungsprozess mit den Menschen reagiert und Handlungen gesetzt. Er zeigt sich also als lernender Gott, der selbst bereit ist, sein Führungsverhalten zu reflektieren.

Gleich nachdem er den Menschen erschaffen hatte, führte er Regeln ein. Adam und Eva hielten sich aber nicht an sie und aßen von den verbotenen Früchten. Gott reagierte zornig und vertrieb sie aus dem Paradies. Damit entließ er den Menschen aber auch in seine Freiheit, sodass dieser von nun an selbst entscheiden konnte, was er tun und lassen wollte. Für Gott als Führungskraft Gott ergab sich daraus die Konsequenz, dass er von nun an um den Menschen werben und ihm einen interessanten Entwicklungsprozess in Aussicht stellen musste, damit sich der Mensch aus freiem Willen auf einen Führungsprozess mit ihm einließ.

Später offenbarte sich Gott den Menschen und verkündete die Zehn Gebote, damit sie verstanden, was er genau von ihnen wollte. Und damit es gar keinen Zweifel mehr geben sollte, wie er sich unser Leben vorstellt, schickte er seinen einzigen Sohn, ließ ihn Mensch werden, damit er unter Menschen ein Vorbild sein konnte, wie ein erfülltes Leben gelingen kann.

Wir haben die Bausteine göttlicher Führungsarbeit herausgearbeitet. Das wichtigste Element dabei ist die Liebe, ohne die es keine Führung geben kann. Denn nur wer einen anderen annimmt, entwickelt von sich aus ein Interesse, dass der anvertraute Mensch wachsen und reifen kann. Der Führungsprozess gelingt besonders gut, wenn er auf die göttliche Ordnung aufgebaut ist. Sie ist das Natürliche, nicht die Unordnung, die sich heutzutage überall breitmacht und zu Orientierungslosigkeit führt. Im Führungsprozess braucht es Regeln, Fordern und Fördern genauso wie Gerechtigkeit und Barmherzigkeit, wenn einmal etwas schiefgelaufen ist. Wir müssen Menschen in Lernsituationen stellen, damit sie sich im Leben zurechtfinden und auf größere Aufgaben vorbereitet werden.

Am wichtigsten ist, dass wir jenen, die wir in ein gelingendes Leben führen sollen, ein Vorbild sind. Nur wer selbst vorlebt, was er von anderen erwartet, wird als Führungskraft ernst genommen. Dabei muss nicht immer alles glattgehen. Wir dürfen als Menschen Fehler machen, aber die Absicht, dass wir uns bemühen, muss für die, die wir führen, klar erkennbar sein. Wer nach Gottes Vorbild führt, der wird selbst seinen Weg zu Gott finden und alle, die ihm anvertraut sind, auf diesem Weg begleiten. Dann können wir uns dem Wohlwollen Gottes sicher sein und darauf vertrauen, dass wir ihm einmal ohne Sorgen entgegentreten können. *»Ich habe keine größere Freude, als zu hören, dass meine Kinder in der Wahrheit leben.«* (3 Joh 1,4)

Menschen sind also gefragt, in allen Bereichen der Gesellschaft die Verantwortung zu übernehmen und den Sinn des Lebens darin zu erkennen, andere zu führen und zu entwickeln. Gott hat uns einen klaren Auftrag erteilt, zu führen. Zuerst an Simon Petrus: *»Als sie gegessen hatten, sagte Jesus zu Simon Petrus: Simon, Sohn des Johannes, liebst du mich mehr als diese? Er antwortete ihm: Ja, Herr, du weißt, dass ich dich liebe. Jesus sagte zu ihm: Weide meine Lämmer!«* (Joh 21, 15) Heute sind wir es, die im Auftrag Gottes als gute Hirten die Herde sorgen sollen.

Wenn wir uns von Gottes Willen in Führungsprozessen leiten lassen wollen, dann ist es nötig, dass wir nicht schnell und unüberlegt handeln, sondern bedächtig und konzentriert. Wann immer wir uns in schwierigen Führungssituationen befinden, können wir uns die Frage stellen: Was würde Gott dazu sagen? Oder auch: Was würde Gott jetzt tun? Wenn wir dann in uns hineinhören, dann werden wir die Antwort erkennen. Die Antwort ist ja auch in uns selbst angelegt. Wir sind von Gott damit ausgestattet worden, Gutes und Böses zu erkennen. Wir sind fähig zu tiefen Gefühlen, wir spüren in uns ein Gewissen, das uns leitet, wenn wir darauf hören. Gott hat uns also befähigt, selbst erkennen zu können, was zu tun ist. Und wenn wir selbst nicht mehr weiterwissen, dann dürfen wir darauf vertrauen, im Austausch mit ihm Lösungen zu finden. Das setzt natürlich ein gewisses Maß an Demut voraus und fordert einen Menschen, der weiß, dass er nicht selbst immer alles am besten kann.

Führen in Gottes Auftrag beginnt in der eigenen Familie. Gott zählt auf die Familie als Keimzelle unserer Gesellschaft. Als Ort, an dem Menschen liebevoll angenommen und zur Reife geführt werden. Wenn Menschen in geordneten Verhältnissen aufwachsen, dann werden ihnen die Erkenntnis und der Wille mitgegeben, Führungssituationen im beruflichen Leben nach diesem Vorbild zu gestalten. Wenn die Familie als Keimzelle der Gesellschaft wieder den Wert erhält, den Gott ihr zugedacht hat, dann wird auch die Gesellschaft wieder zu einer geordneten Entwicklung finden. Ich lade Sie, liebe Leserinnen und Leser, ein, an diesem großen Projekt, getragen von der Liebe und der Ordnung, mitzuarbeiten. Wo immer Sie von Gott als Führungskraft hingestellt worden sind: Ihr Beitrag ist es, auf den Gott zählt.

Ich saß wieder einmal in einer Kirche und lauschte den Worten des Priesters. Immer wenn ich unterwegs bin, versuche ich, zumindest hin und wieder eine Messe zu besuchen. Sobald ich in der Kirche sitze, fühle ich mich wie zu Hause, angenommen und gut aufgehoben.

Immer wenn ich eine Messe besuche, habe ich das Gefühl, einen Satz zu hören, der zu diesem Zeitpunkt genau für mich bestimmt ist und mir weiterhilft auf meinem Weg zu Gott. An diesem Tag waren es Worte aus dem Evangelium nach Markus, die mich besonders faszinierten: »… Später erschien Jesus auch den Elf, als sie bei Tisch waren; er tadelte ihren Unglauben und ihre Verstocktheit, weil sie denen nicht glaubten, die ihn nach seiner Auferstehung gesehen hatten. Dann sagte er zu ihnen: Geht hinaus in die ganze Welt, und verkündet das Evangelium allen Geschöpfen!« (Mk 16,14–15).

Der Priester interpretierte das Evangelium in einer kurzen Predigt. Er sagte, dass die Verkündigung des Wortes Gottes am besten dadurch geschieht, dass wir es vorleben. Damit werden wir zum Vorbild für andere und zum Leuchtturm auf den Wegen der Menschen.

Ich fühlte mich angesprochen und bereit, meinen Beitrag zu leisten. Führen nach Gottes Vorbild. Die Zeit war reif. So ging ich mit Gottes Hilfe daran, dieses Buch zu schreiben.

Quellenverzeichnis verwendeter Bibelstellen

Lieber Leserinnen und Leser!
Ich zitiere in diesem Buch aus der *Einheitsübersetzung* der Bibel. Wenn Sie nach einem Zitat zum Beispiel die Quellenangabe (1 Mose 2, 22–25) finden, dann ist damit gemeint, dass Sie das Zitat im 1. Buch des Mose, im 2. Kapitel, in den Versen 22–25 finden. Ich habe Texte aus folgenden Büchern der Bibel verwendet:

Altes Testament
- Genesis – Gen (1 Mose)
- Exodus – Ex (2 Mose)
- Levitikus – Lev (3 Mose)
- Deuteronomium – Dtn (5 Mose)
- 1. Buch Samuel – 1 Sam
- Buch der Psalmen – Ps
- Buch der Sprichwörter – Spr
- Buch der Weisheit – Weish
- Buch Jesus Sirach – Sir
- Buch Jesaja – Jes
- Buch Jeremia – Jer
- Buch Ezechiel – Ez
- Buch Sacharja – Sach

Neues Testament
- Evangelium nach Matthäus – Mt
- Evangelium nach Markus – Mk
- Evangelium nach Lukas – Lk
- Evangelium nach Johannes – Joh
- Apostelgeschichte – Apg
- Brief an die Römer – Röm
- 1. Brief an die Korinther – 1 Kor
- Brief an die Epheser – Eph
- 2. Brief des Petrus – 2 Petr
- 3. Brief des Johannes – 3 Joh
- Offenbarung des Johannes – Offb

Literaturverzeichnis

Die Bibel: *Einheitsübersetzung der Heiligen Schrift.* Augsburg 1998.

Altmann, Petra: *Wie Mönche und Nonnen leben.* Münsterschwarzach 2009.

Assländer, Friedrich; Grün, Anselm: *Spirituell führen.* 2. Auflage, Münsterschwarzach 2007.

Bachl, Gottfried: *Gott bewegt.* Würzburg 2012.

Beck, Matthias: *Leben, wie geht das?* Wien 2012.

Beck, Matthias: *Glauben, wie geht das?* Wien 2013.

Bruners, Wilhelm: *Wie Jesus glauben lernte.* Freiburg im Breisgau 2012.

Deselaers, Paul; Sattler, Dorothea: *Die Schöpfung in der Bibel.* Freiburg im Breisgau 2013.

De Vogüé, Adalbert: *Benedikt von Nursia.* München 2006.

Eckert, Johannes: *Wohne bei dir selbst.* München 2009.

Englisch, Andreas: *Gottes Spuren.* München 2008.

Englisch, Andreas: *Wenn Gott spricht.* 2. Auflage, München 2010.

Ferenczy, Heinrich: *In Gottes Hand geborgen.* Wien 2011.

Friedman, Richard Elliott: *Wer schrieb die Bibel?* Köln 2007.

Grün, Anselm: *Quellen innerer Kraft.* 3. Auflage, Freiburg im Breisgau 2009.

Grün, Anselm; Zeitz, Johann: *Gott, Geld und Gewissen.* Münsterschwarzach 2010.

Herndl, Karl: *Auf dem Weg zum Profi im Verkauf.* 5. Auflage, Wiesbaden 2014.

Herndl, Karl: *Das 15-Minuten-Zielgespräch.* 3. Auflage, Wiesbaden 2010.

Herndl, Karl: *Führen im Vertrieb.* 4. Auflage, Wiesbaden 2014.

Herndl, Karl: *Führen und verkaufen mit der Kraft der Ordnung.* 2. Auflage, Wiesbaden 2012.

Herndl, Karl: *Sales Coaching by Benedict*. 2. Auflage, Wiesbaden 2016.
Holzherr, Georg: *Die Benediktsregel*. Freiburg 2007.
Longeat, Jean-Pierre: *24 Stunden im Leben eines Mönches*. St. Ottilien 2011.
Nonn, Nikolaus: *Tage im Kloster*. Mainz 2002.
Ratzinger, Josef: *Gott und die Welt*. München 2005.
Ratzinger, Josef: *Salz der Erde*. 7. Auflage, München 2008.
Salcher, Andreas: *Meine letzte Stunde*. Salzburg 2010.
Salzburger Äbtekonferenz (Hrsg.): *Die Regel des heiligen Benedikt*. Beuron 1990.
Salzburger Äbtekonferenz (Hrsg.): *Gregor der Große. Der heilige Benedikt*. Buch 2 der Dialoge, St. Ottilien 1995.
Schönborn, Christoph: *Jesus nachfolgen im Alltag*. Freiburg im Breisgau 2004.
Schütz, Christian; Rath, Philippa (Hrsg.): *Der Benediktinerorden*. 4. Auflage, Kevelaer 2009.
Seewald, Peter: *Kult*. München 2007.
Seewald, Peter (Hrsg.): *Die Spiritualität der Mönche*. München 2004.
Wolf, Notker: *Gönn dir Zeit. Es ist Dein Leben*. Freiburg im Breisgau 2009.
Wolf, Notker: *Jetzt ist die Zeit für den Wandel*. Freiburg im Breisgau 2012.
Wolf, Notker: *Regeln zum Leben*. 3. Auflage, Freiburg im Breisgau 2008.
Wolf, Notker: *Wohin pilgern wir?* Reinbek b. Hamburg 2011.
Wolf, Notker: *Worauf warten wir?* Reinbek b. Hamburg 2006.
Wolf, Notker; Lindner, Leo G.: *Jesus. Ein Leben*. München 2012.
Zurkuhlen, Ulrich: *Leitfaden Bibel*. Freiburg im Breisgau 2012.

Danksagung

Vielen Menschen, die mich auf meinen Weg begleitet haben, möchte ich aufrichtig danken. Es gab unzählige Begegnungen, die mir an bestimmten Wegkreuzungen ein Stück weitergeholfen haben. Einige von ihnen möchte ich hier erwähnen:

Zunächst gilt der Dank meinen Eltern, die mich als Geschenk des Himmels angenommen haben und danach trachteten, mich auf den rechten Weg zu bringen. Ich fühlte mich willkommen und gefördert und vor allem umgeben von einer tiefen Liebe, die man nur in einer Familie erleben kann.

Ein weiterer wichtiger Wegbegleiter in meiner Kindheit war Msgr. Valentin Stückler, der Dechant in meinem Heimatort Spittal an der Drau. Er hat sich meiner besonders angenommen und führte mich in die Geheimnisse der christlichen Botschaft ein.

Während meines Studiums hat mich besonders Dr. Kurt Buchinger beeindruckt und geformt. Er war nicht nur ein brillanter Theoretiker, sondern auch ein Praktiker, von dem ich sehr viel über die erfolgreiche Durchführung von Seminaren und Coachings gelernt habe.

Aber auch Persönlichkeiten aus der Wirtschaft haben mich geformt. Allen voran Dr. Günter Geyer, der mich durch liebevolle, aber auch kritische Förderung und Forderung dazu gebracht hat, dass ich mich später als Managementtrainer durchsetzen konnte.

Als ich als Trainer den deutschen Markt eroberte, traf ich auf Frank Pöppinghaus, einen brillanten Vertriebsstrategen, der sich von meiner Art des Coachings einen Gewinn für seine Mitarbeiter erwartete und mich mit zahlreichen Aufträgen für meine gute Arbeit belohnt hat. In diesen Abschnitt meines Lebens fällt auch die Bekanntschaft mit einem großen Wirtschaftskapitän, Michael Rentmeister, der sich durch den

Glauben an seine Fähigkeiten von ganz unten nach ganz oben gearbeitet hat. Beide Herren sind mir nach wie vor in Freundschaft verbunden, und der Austausch mit ihnen bringt mich auch heute noch immer wieder ein Stück weiter.

2008 habe ich mein erstes Seminar in einem Benediktinerkloster besucht und die Benediktsregel von da an zur Grundlage meines Handelns als Führungs- und Verkaufstrainer gemacht. Damals lernte ich Abt Otto Strohmaier kennen. Über die Jahre ist eine innige Beziehung entstanden, und inzwischen darf ich Abt Otto als meinen geistlichen Vater bezeichnen. Die Gespräche mit ihm sind ein Licht auf meinem Weg. Ich durfte auch den Abtprimas der Benediktiner, Dr. Notker Wolf, persönlich kennenlernen und mehrmals in Rom besuchen. Trotz seines übervollen Terminkalenders hat er sich immer Zeit genommen für Gespräche mit mir.

Bei der Entwicklung dieses Buches haben mich einige Personen mit Rat und Tat unterstützt. Erwähnen möchte ich Dr. Peter Allmaier, Manuela Eckstein, Abt Dr. Heinrich Ferenczy, Dr. Willibald Hopfgartner und KR Hans Koschat. Besonders wertvoll für mich war der rege Austausch mit Christiane, die bei der Erarbeitung dieses Buches eine konstruktive Begleiterin gewesen ist. Sabine Wukisewitsch danke ich für die professionelle Gestaltung des Covers.

Schließlich gilt der Dank meiner Familie – meiner Frau Angelika und meinen Kindern. Meine Familie hat meine Wandlung zuerst mit Skepsis verfolgt, dann aber mit Wohlwollen begleitet. Es ist sicher nicht ganz einfach, wenn sich ein Teil des Systems verändert und seine Prioritäten verschiebt. Es ist aber nicht abrupt von heute auf morgen passiert, sondern in einem Entwicklungsprozess, der 2008 im Kloster begann und bis heute anhält. Ich hoffe, dass ich vieles von dem, was ich in diesem Buch geschrieben habe, auch in meiner eigenen Familie zum Wohle aller umsetzen kann.

Der Autor

Karl Herndl, Jahrgang 1961, studierte Pädagogik und Gruppendynamik in Klagenfurt, Österreich. Nach seinem Abschluss war er von 1990 bis 1997 in einem großen Dienstleistungsunternehmen in Wien tätig, zuletzt als Verkaufsleiter.

1997 gründete er die »Karl Herndl Training KG«. Das Unternehmen bietet Vorträge, Coaching-Gespräche und Seminare zur Verkaufsförderung.

Bei seinem ersten Besuch in einem österreichischen Benediktinerkloster im Jahr 2008 kam der Autor mit der Benediktsregel in Kontakt und machte dieses Werk von da an zur Grundlage seiner Arbeit als Trainer und Coach. Herndl ist Autor mehrerer Bücher über Führung und Vertrieb und Eigentümer der international registrierten Marke »SALES COACHING BY BENEDICT«.

In den letzten Jahren machte sich Karl Herndl auf die Suche nach dem göttlichen Führungsprinzip als logische Weiterentwicklung seiner Arbeit mit der Benediktsregel. Sein Angebot an Vorträgen, Seminaren und Coaching-Gesprächen richtet sich nun über seine angestammte Zielgruppe hinaus an alle Menschen, denen Führungsaufgaben anvertraut sind. Er will Begleiter sein, Führungssituationen nach dem Vorbild Gottes zu gestalten, wo immer diese auch stattfinden.

Kontakt:
E-Mail: *office@karl-herndl-training.com*
Homepage: www.karl-herndl-training.com